中国能源发展报告 2019

ANNUAL REPORT ON CHINA'S ENERGY DEVELOPMENT 2019

电力规划设计总院◎编著

北京

图书在版编目（CIP）数据

中国能源发展报告. 2019 / 电力规划设计总院编著
.—北京：人民日报出版社, 2020.6
ISBN 978-7-5115-6399-6

Ⅰ. ①中… Ⅱ. ①电… Ⅲ. ①能源发展—研究报告—中国—2019 Ⅳ. ①F426.2

中国版本图书馆CIP数据核字(2020)第084477号

审图号：GS(2020)2639号

书　　名：中国能源发展报告 2019
作　　者：电力规划设计总院

出 版 人：刘华新
责任编辑：周海燕
封面设计：张合涛

出版发行：人民日报出版社
社　　址：北京金台西路2号
邮政编码：100733
发行热线：(010) 65369527 65369509 65369512 65369846
邮购热线：(010) 65369530 65363527
编辑热线：(010) 65369518
网　　址：www.peopledailypress.com
经　　销：新华书店
印　　刷：天津旭非印刷有限公司

开　　本：889mm×1192mm　1/16
字　　数：210千字
印　　张：9.5
版次印次：2020年7月第1版　2020年7月第1次印刷

书　　号：ISBN 978-7-5115-6399-6
定　　价：98.00元

编委会

前言 Foreword

2019 年是新中国成立 70 周年，70 年来我国能源生产和消费总量双双跃升世界首位。能源基础设施建设突飞猛进；能源消费结构持续优化，可再生能源生产消费总量位居世界第一；能源科技创新日新月异，一批科技成果开始领跑国际；能源体制机制市场化改革不断进取，市场配置资源能力大幅增强。

2019 年是习近平总书记作出“推动能源生产和消费革命”重要指示 5 周年。面对复杂严峻的国内外发展环境，我国扎实推进“四个革命、一个合作”能源安全新战略，聚焦绿色低碳转型，继续深化能源供给侧结构性改革，既保持了量的合理增长，又实现了质的稳步提升。能源供需总体平稳增长，结构进一步优化，单位 GDP 能耗持续下降。能源消费结构继续优化，煤炭消费量占能源消费总量的 57.7%，已提前完成“十三五”规划目标；天然气、水电、核电、风电、光伏等清洁能源消费量占能源消费总量的 23.4%，同比上升 1.3 个百分点。油气增储上产态势良好，原油生产增速由负转正，天然气生产快速增长。电源结构不断优化，可再生能源装机占比不断提高。能源输送设施建设不断完善，保障了能源安全生产和有效供给。油气体制改革继续推进，管网公司正式挂牌成立；电力体制改革持续深化，电力现货市场试点全面启动。

在取得以上进展的同时，应当看到，我国能源发展仍存在不少困难和问题，能源安全保障外部风险增加，能源供需总体宽松与个别品种区域性时段性供给紧张并存，能源发展不平衡不充分问题依然存在，部分关键核心技术受制于人，体制机制改革进入深水区。

2020 年是决胜全面建成小康社会的收官之年，是实现第一个百年奋斗目标的关键之年。新冠疫情给全球经济发展、社会治理和国际秩序带来深远影响，也对能源行业发展产生无法避免的冲击。我们需要深入分析疫情影响，明确当前挑战，找准未来定位，危中寻机，为能源行业长期健康发展做好准备。

《中国能源发展报告2019》是电力规划设计总院（简称电规总院）组织编写的第四份年度能源发展报告。本报告围绕能源安全、能源转型和新冠疫情影响三个焦点问题，分析了2019年我国能源发展总体状况，并对2020年发展趋势做出研判，可为政府相关能源主管部门、能源企业、金融机构提供参考。

本报告在编写过程中，得到了能源主管部门、相关企业、机构和能源行业知名专家的大力支持和指导，在此谨致衷心的谢意。因水平有限，报告中难免有疏漏之处，恳请读者批评指正。

《中国能源发展报告 2019》编写组

2020年6月

目录 Contents

05 能源政策篇

06 国际合作篇

07 行动展望篇

OVERVIEW

01 综合篇

2019年是新中国成立70周年，70年来我国能源生产实现跨越式发展，基础性保障作用持续增强。2019年，我国扎实推进“四个革命、一个合作”能源安全新战略，聚焦绿色低碳转型，能源供需总体平稳增长，结构进一步优化，能源效率持续提升。全球能源转型进程持续推进，主要国家和能源公司加快可再生能源发展布局。

1.1 经济总体形势

1 世界经济增速大幅下降

2019 年，世界经济增长放缓，主要经济体增速均出现回落。国际货币基金组织数据显示，2019 年世界 GDP 增长 2.9%，增速同比下降 0.7 个百分点。其中，发达经济体 GDP 增速为 1.7%，同比下降 0.5 个百分点；新兴市场与发展中经济体 GDP 增速 3.7%，同比下降 0.8 个百分点。

主要发达经济体中，除日本和英国外，其他经济体均出现增速明显回落现象。2019 年美国 GDP 增长 2.3%，增速同比回落 0.6 个百分点。欧元区 GDP 增长 1.2%，增速同比回落 0.7 个百分点。加拿大 GDP 增长率同比下降 0.4 个百分点。日本和英国 2019 年 GDP 增长率均比 2018 年提高 0.1 个百分点。

新兴市场与发展中经济体 2019 年也出现了经济增速普遍下降。亚洲新兴经济体虽然保持了世界上最高的增长率，2019 年 GDP 增长 5.5%，但增速比上年下降 0.8 个百分点，其中印度 GDP 增长率从 2018 年的 6.1% 下降到 2019 年的 4.2%。中国 GDP 比上年增长 6.1%，明显高于全球经济增速，在经济总量 1 万亿美元以上的经济体中位居第一；人均国内生产总值首次突破 1 万美元大关，与高收入国家差距进一步缩小。中国经济增长对世界经济增长贡献率达 30% 左右，持续成为推动世界经济增长的主要动力源。

2019 年世界各国的国内生产总值排名

排名	名称	GDP（万亿美元）	GDP增速	人均GDP（美元）
1	美国	21.34	2.3%	64865
2	中国	14.22	6.1%	10157
3	日本	5.18	0.9%	40802
4	德国	3.96	0.6%	47462
5	印度	2.97	4.2%	2175
6	英国	2.83	1.4%	41895
7	法国	2.76	1.3%	42402
8	意大利	2.03	0.3%	33458
9	巴西	1.96	1.1%	9288
10	加拿大	1.74	1.6%	46487

数据来源：IMF

2 我国经济增长保持在合理区间

2019年，我国经济保持了中高速增长，国内生产总值比上年增长6.1%，国内生产总值超过99万亿元，按平均汇率折算，经济总量达到14.2万亿美元，为美国的三分之二。

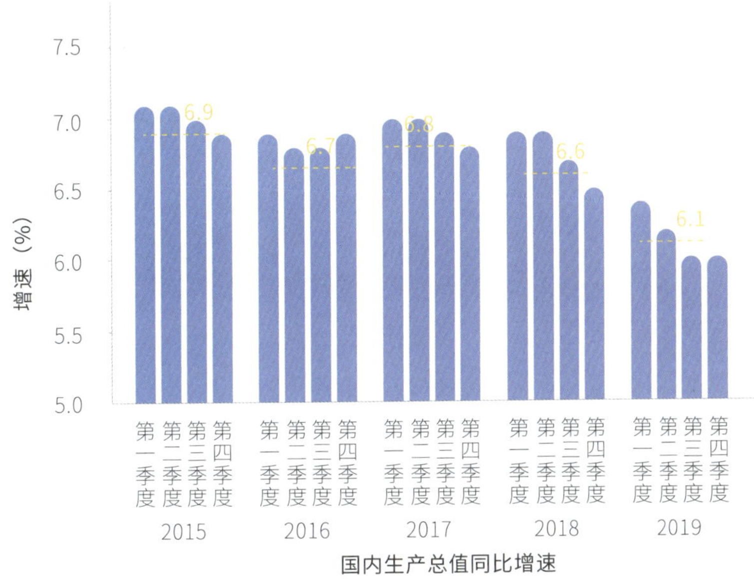

国内生产总值同比增速

数据来源：国家统计局

2019年，我国实施了以稳就业、稳金融、稳外贸、稳外资、稳投资、稳预期为主要内容的宏观经济政策，经济运行总体平稳、稳中有进。在稳就业方面，全年城镇新增就业1352万人，高于1100万人以上的预期目标，就业形势总体稳定；在稳外贸方面，全年货物进出口总额比上年增长3.4%，服务进出口总额比上年增长2.8%，增速有较大幅度回落；稳外资方面，实行积极主动的开放政策，外资准入负面清单条目、自贸实验区外资准入负面清单再次缩减，在服务业、制造业、能源等多领域进一步放松管制，实际利用外资9415亿元，增长5.8%，折合1381亿美元，增长2.4%；在稳投资方面，加快中央预算内投资安排使用，加大城际交通、物流、市政基础设施等投资力度，推进电信、互联网领域新型基础设施建设，全社会固定资产投资比上年增长5.1%，其中基础设施投资增长3.8%，六大高耗能行业投资增长4.7%。

3 经济结构调整优化，发展新动能不断壮大

全年第三产业增加值占国内生产总值的比重为53.9%，比上年提高0.6个百分点，高于第二产业14.9个百分点；对国内生产总值增长的贡献率为59.4%。消费作为经济增长主动力作用进一步巩固，最终消费支出对国内生产总值增长的贡献率为57.8%。全年全国居民人均消费支出中，服务性消费支出占比为45.9%，比上年提高1.7个百分点。

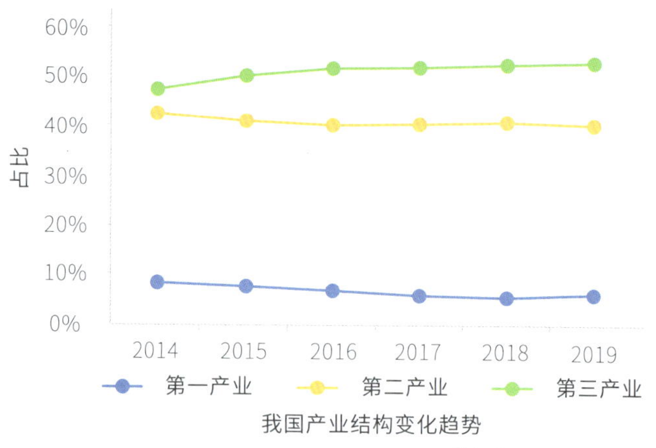

我国产业结构变化趋势

数据来源：国家统计局

新动能保持较快发展。全年规模以上工业中，战略性新兴产业增加值比上年增长8.4%。高技术制造业增加值增长8.8%，占规模以上工业增加值的比重为14.4%。装备制造业增加值增长6.7%，占规模以上工业增加值的比重为32.5%。全年网上零售额106324亿元，按可比口径计算，比上年增长16.5%。

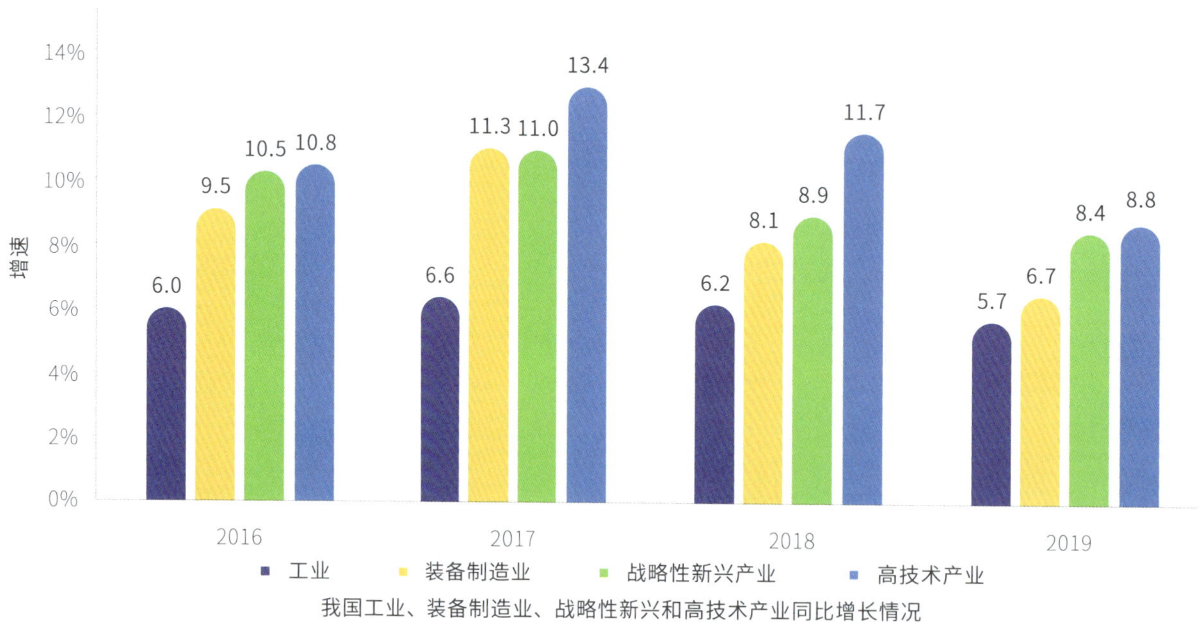

我国工业、装备制造业、战略性新兴和高技术产业同比增长情况

数据来源：国家统计局

长期积累的结构性矛盾仍然是矛盾的主要方面。同时，经济处于转型升级当中，导致下行压力加大，经济增速有所回落。

1.2 新中国成立 70 年能源发展回顾

1 能源生产实现跨越式发展，基础性保障作用持续增强

一 能源生产能力大幅提升

新中国成立初期，能源生产能力不足、水平不高，1949 年全国能源生产总量仅为 0.2 亿吨标准煤，发电量仅有 43 亿千瓦时。70 年来，我国能源生产逐步由弱到强，一跃成为世界能源生产第一大国。

新中国成立 70 年能源生产量对比

	1949年	2019年	年均增速
一次能源生产总量（亿吨标准煤）	0.2	39.7	7.6%
煤炭产量（亿吨）	0.3	38.5	7.1%
原油产量（万吨）	12	19101	11.1%
天然气产量（亿立方米）	0.1	1762	15.4%
发电量（亿千瓦时）	43	75034	11.3%

一 能源供给结构持续优化

新中国成立初期，原煤占能源生产总量的比重高达 96.3%，原油仅占比 0.7%，水电占比 3%。70 年来，我国能源供给结构持续优化，天然气、非化石能源等清洁能源占比总体持续提高，天然气由 1957 年最低的 0.1% 提高到 2019 年最高的 5.9%，非化石能源由 1949 年的 3.0% 提高到 2019 年的 19.1%。

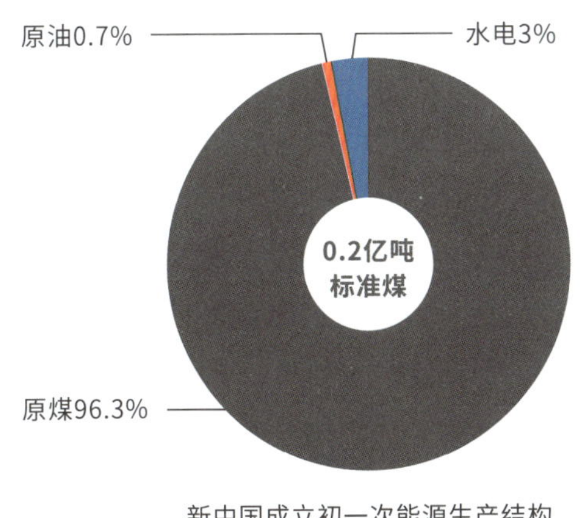

新中国成立初一次能源生产结构

光伏1.7%
风电3.2%
水电10.2%
核电2.7%
天然气5.9%
原油6.9%
原煤68.2%
其他1.3%
39.7亿吨
标准煤

2019年一次能源生产结构

数据来源：国家统计局

煤炭生产发挥基础保障作用

煤炭年产量由1949年的3432万吨，增加到1978年的6.8亿吨，再到2013年的最高点39.7亿吨，煤炭在一次能源生产和消费结构中长期占比75%和70%左右。70年来，我国累计生产煤炭约885亿吨，支撑了我国钢铁、建材、化工等原材料行业和电力工业的发展，促进了经济的持续增长。在今后一段时间内，煤炭仍将是我国基础能源。

石油石化发展成绩斐然

1949年全国原油年产量仅12万吨。以第一个油田克拉玛依油田发现、第一个天然石油基地玉门油矿建成为基础，以大庆石油会战为标志，石油勘探开发取得历史性突破。1963年全国石油产量达到648万吨，石油基本实现自给。之后，又相继展开了胜利、大港、辽河、长庆等一系列石油大会战，建成了一批大中型石油基地。1978年全国原油产量突破1亿吨，2010年突破2亿吨。我国从“贫油国”跻身世界产油大国。70年来，我国累计生产原油约73亿吨。

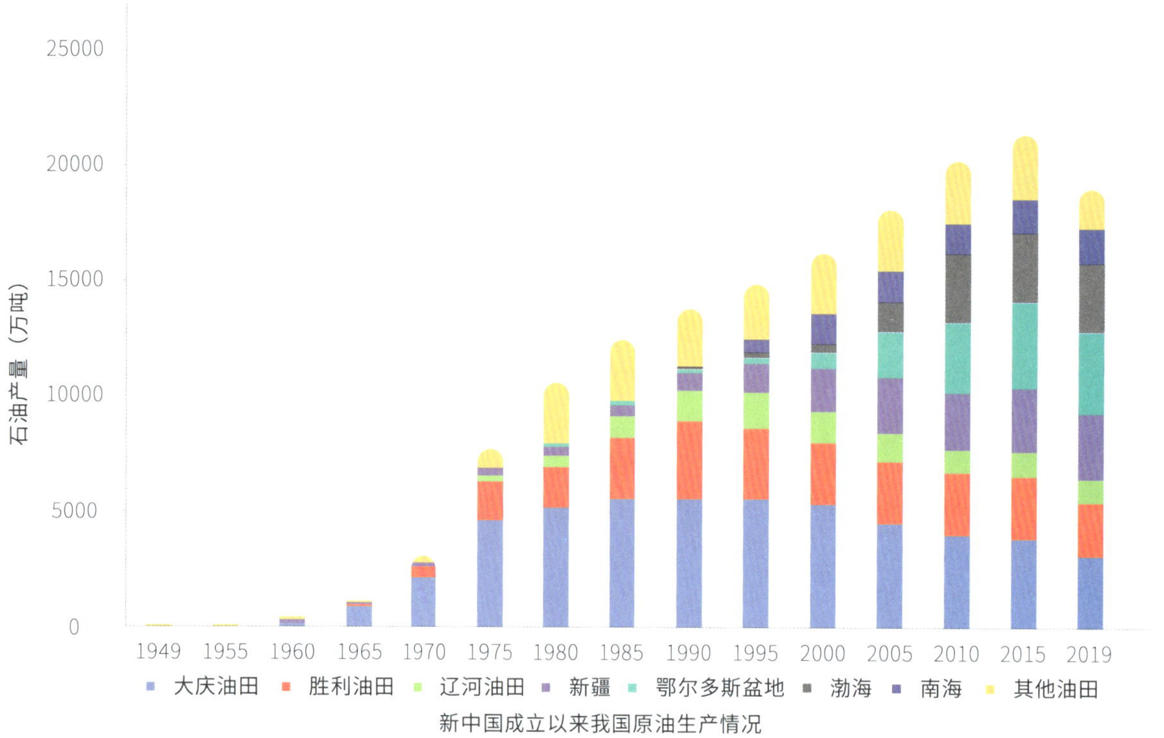

新中国成立以来我国原油生产情况

1949年全国炼油能力仅17万吨/年。50年代末，国家“一五”计划重点建设项目吉林电石厂、染料厂、化肥厂，兰州炼油厂、化工厂相继建成投产。随后，抚顺、大庆、锦西等炼油企业先后攻克流化催化裂化、催化重整等工艺技术，中国炼油工艺技术实现重大飞跃。辽阳化纤、仪征化纤等一批石化企业相继建成投产，石化产品助力解决衣食住行等国计民生问题。

天然气开发助力能源清洁发展

新中国成立初的 1949 年，我国天然气产量仅 700 万立方米左右。这一时期天然气产量主要来自四川盆地多个小型气田。1960 年天然气产量突破 10 亿立方米，1969 年产量接近 20 亿立方米，1976 年产量达到 100 亿立方米。1976 ～ 2000 年，我国天然气年产量缓慢增长，从 100 亿立方米增加到 272 亿立方米。从 20 世纪 90 年代开始，为满足市场需求，我国在鄂尔多斯、塔里木、柴达木、东海和莺琼地区加大了天然气勘探开发力度。1997 年长庆油气区的靖边气田投产，改变了全国用气靠四川的单一源头供气局面。2001 年以来，我国天然气勘探开发进入快车道。克拉 2 气田、苏里格气田和四川普光气田等一批大型整装气田发现和投产，建成了以鄂尔多斯、塔里木、四川和南海 4 大天然气生产基地，推动了天然气产量快速增长。2001 ～ 2019 年天然气年产量由 300 亿立方米快速增长到 1762 亿立方米。

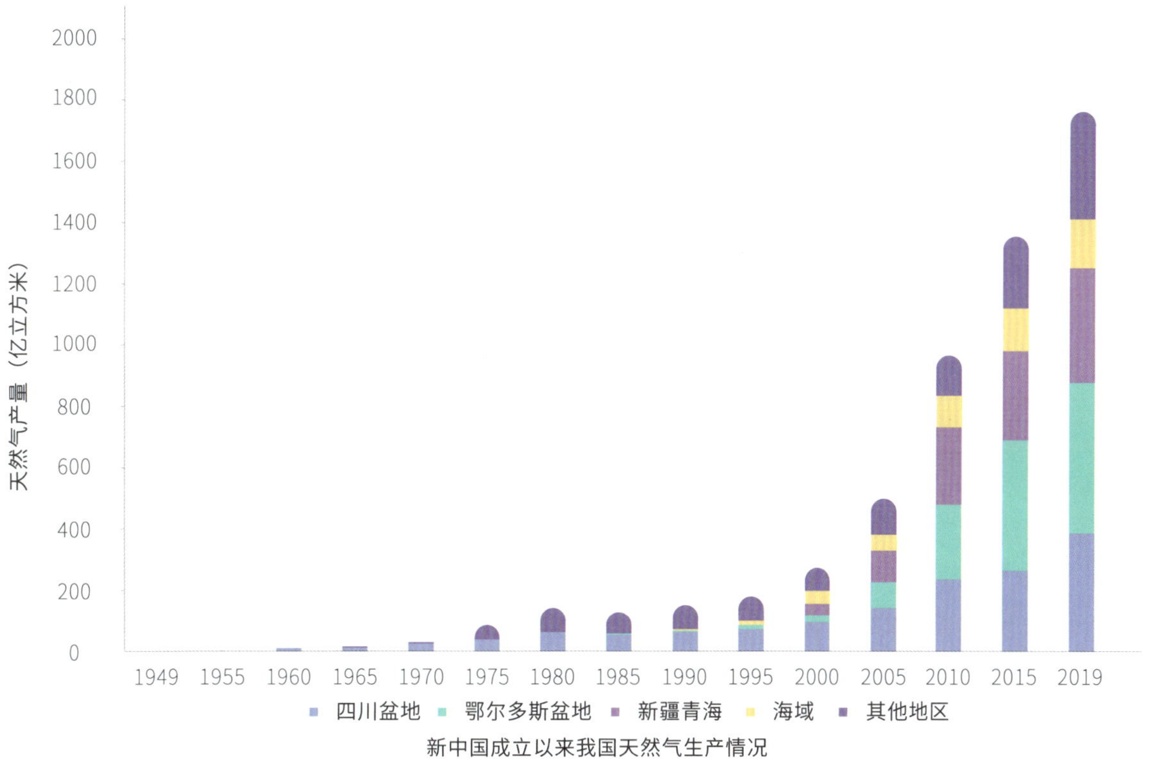

新中国成立以来我国天然气生产情况

1958 年，我国在四川盆地铺设了第一条输气管道，长 20 公里。1967 年，威远—成都输气管线建成。1995 年海气登陆管线投产、1997 年陕京输气管线启输，改变了天然气管道主要集中在四川盆地的局面。2004 年 10 月“西气东输”一线管道投入运行，成为国家西部大开发战略的标志性工程。随着海气登陆、陕气进京、川气东送、外气入境、LNG 规模化应用，开启天然气新时代，大气环境显著改善，助力美丽中国建设。截至 2019 年底，我国油气长输管道总里程累计达到 13.9 万千米，形成横贯东西、纵穿南北、联通海外的油气管网体系。

火电和非化石能源发电装机世界第一

经过新中国成立 70 多年来的不懈奋斗，我国电力工业已经从新中国成立初期的小规模、分散供电系统，逐步发展成为世界上规模最大的全国互联电力系统，电力发展有力支撑了国民经济快速发展和人民生活水平不断提高。

1949 年，我国火电装机仅有 169 万千瓦，发电量仅为 36 亿千瓦时。70 年来，我国火电装机数量和发电量实现了跨越式增长。截至 2018 年底，我国火电装机已达 11.4 亿千瓦，比 1949 年增长了 675.7 倍，火电年发电量也由新中国成立之初的 36 亿千瓦时跃升至 2018 年的 49794.7 亿千瓦时。

我国清洁能源装机容量增长超千倍，发电量增长超 2000 倍。1949 年，我国仅有的清洁能源电力装机为 16 万千瓦水电装机。时至 2019 年，我国水电、风电、光伏装机量分别达到 3.26 亿千瓦、2.1 亿千瓦、2.0 亿千瓦，均位列全球第一；核电装机 4874 万千瓦，位居全球第三，在建规模世界第一；清洁能源发电装机占比提高到 40% 左右。

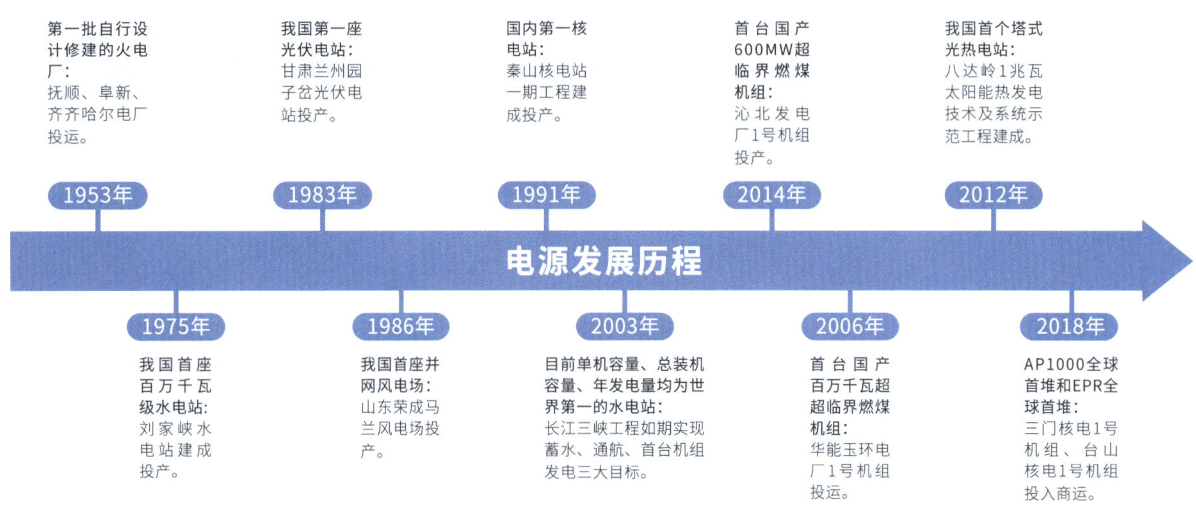

我国电源发展历程

建成世界规模最大的全国互联电力系统

70年里，我国输电线路长度增长291倍、变电容量增长2020倍，建成了全球规模最大的电网。1949年，35千伏及以上输电线路长度6475千米，最高电压等级220千伏；2018年，35千伏及以上输电线路长度189.20万千米，较1949年增长291倍，最高电压等级1100千伏，位列世界第1位。

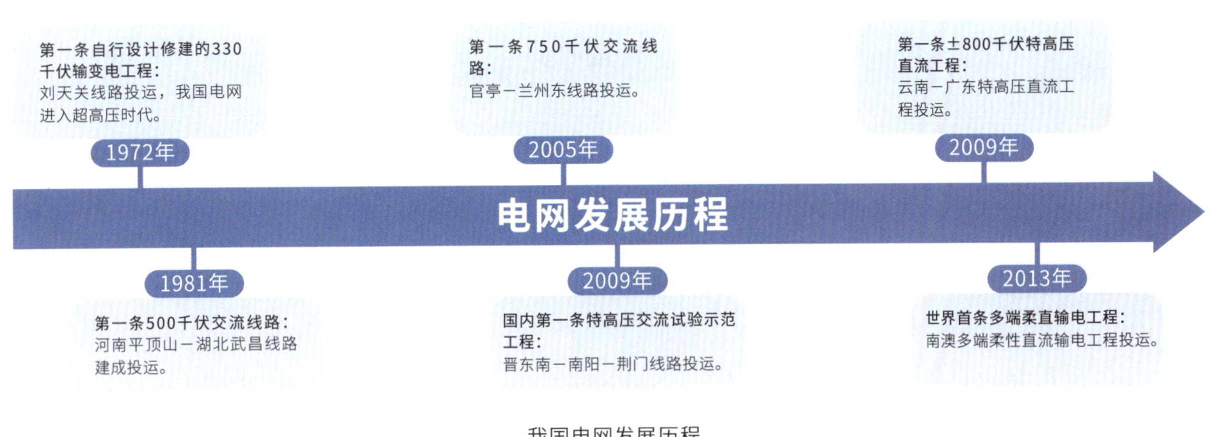

我国电网发展历程

2 能源消费水平不断提高，更加清洁高效

能源消费量保持较快增长

新中国成立70年来，随着我国经济快速发展、人民生活水平不断提高，能源消费整体呈现较快增长态势。新中国成立初，我国能源消费总量仅为0.5亿吨标准煤，2019年达到48.6亿吨标准煤，比新中国成立初增长约90倍，年均增长7.1%。全社会用电量增长884倍。新中国成立初，我国人均能源消费量仅为93千克标准煤。2019年达到3471千克标准煤，比新中国成立初增长37倍。人均用电量增长617倍。

能源消费结构大幅优化，清洁低碳进程不断加快

受资源禀赋特点影响，煤炭占我国能源消费总量比重始终保持第一，但总体呈现下降趋势，由新中国成立初的 94.4% 下降到 2019 年最低的 57.7%；石油占比在波动中提高，由新中国成立初最低的 3.8% 提高到 2019 年的 18.9%；天然气、一次电力及其他能源等清洁能源占比总体持续提高，天然气由 1957 年最低的 0.1% 提高到 2019 年最高的 8.1%，非化石能源由新中国成立初的 1.8% 提高到 2019 年最高的 15.3%。

我国能源消费情况

	新中国成立初	2019年	变化
能源消费总量（亿吨标准煤）	0.5	48.6	增长90倍
人均能源消费（千克标准煤）	93	3471	增长37倍
煤炭消费占比	94.4%	57.7%	降低36.7个百分点
石油消费占比	3.8%	18.9%	降低15.1个百分点
天然气消费占比	0.1%	8.1%	提高8.0个百分点
非化石能源	1.8%	15.3%	提高13.5个百分点

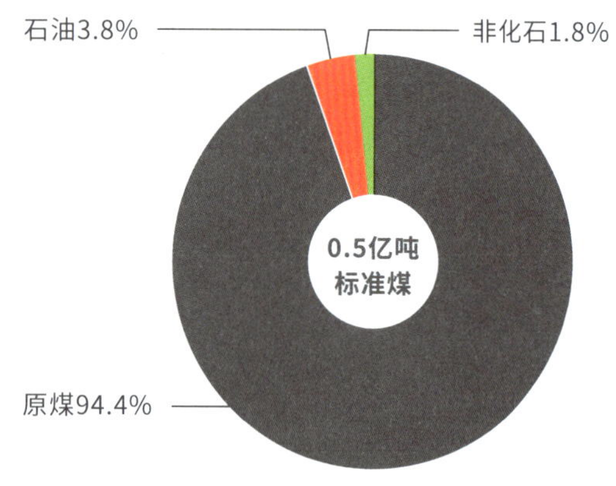

新中国成立初一次能源消费结构

光伏1.4%
风电2.6%
水电8.3%
核电2.2%
天然气8.1%
其他0.8%
48.6亿吨
标准煤
石油18.9%
煤炭57.7%

2019年一次能源消费结构

能效水平显著提升

2019 年单位 GDP 能耗比新中国成立初降低 51%，年均下降 1.0%。从单位 GDP 能耗指标值（GDP 按 2019 年价格计算）来看，由新中国成立初的约 1 吨标准煤 / 万元逐步上升到 1960 年最高的 2.84 吨标准煤 / 万元后逐步下降，20 世纪 70 年代开始又逐步上升后，基本呈现稳步下降态势，2019 年下降到最低的 0.49 吨标准煤 / 万元；从单位 GDP 能耗降低率来看，在改革开放之前波动较大，多数年份为上升，改革开放之后基本保持下降态势。

能源加工转换效率方面，新中国成立初期我国火电机组供电煤耗曾达到 1000 克标煤 / 千瓦时，随着火电机组技术水平不断提高，大容量、高参数机组快速增长，机组节能水平突飞猛进，到 2019 年，全国 6000 千瓦以上火电机组供电煤耗已降低至 307 克标煤 / 千瓦时。

3 能源科技创新能力不断提升，技术装备突飞猛进

实现了从跟随模仿到并行引领的巨大转变，走上了动力转换、创新发展的新道路。70 年来，经过引进吸收和自主创新，我国能源系统技术装备水平不断提升，煤炭绿色开采、千万吨煤炭综采、重载铁路运输、三次采油和复杂区块油气开发等技术装备达到世界领先水平；建成了全球最大的清洁煤电体系，大气污染物排放指标跃居世界先进水平；建成了全球规模最大的电网，安全运行水平、供电可靠性位居世界前列；新建三代核电机组综合国产化率达到 85%，深水钻探、页岩气勘探开发等技术实现重大突破，一大批代表国际先进水平的重大工程建成投产；“互联网+”智慧能源、储能、综合能源服务等一大批能源新技术、新业态、新模式加快培育，蓬勃兴起，成为中国创新创造的热点。

在装备制造、技术水平和设计建设等多个领域都成绩斐然。在装备制造能力上，截至 2018 年末，全球十大风力发电机制造商中，中国企业有 5 家；全球十大太阳能组件制造商中，中国企业占据 9 家；全球十大太阳能电池片制造商中，中国企业占据 8 家。技术能力上，我国建设了全球最大的水电站——长江三峡水电站，设计制造了全球最先进的水电机组，研究开发了全球领先的核电技术，发展出了全球规模最大、技术领先的太阳能制造业。设计建设上，我国已经发展出全球一流的能源电力设计和建设队伍，中国能建、中国电建等企业无论在建设工程规模还是能力上，都已经达到了世界领先水平。

4 统一开放竞争有序的现代能源市场体系初步建成

实现了从计划管理到市场为主的巨大转变，走上了深化改革、推进治理体系和治理能力现代化的新道路。改革开放以来，我国对能源生产经营、价格、投融资、外贸、管理体制等进行了大刀阔斧的改革，有效竞争的市场结构和市场体系不断健全完善。煤炭行业取消了重点电煤合同，实现了电煤价格并轨，建成了市场化的煤炭交易体系；大力推动电力体制改革，完成了政企分开、厂网分开、主辅分离等标志性改革任务，“放开两头、管住中间”的改革方略持续推进，电力市场化建设向纵深发展，电价机制逐步趋近市场定价；积极推进油气体制改革，矿权流转、原油进口资质、油气管网设施开放等重要改革举措相继出台，改革红利广泛惠及各类市场主体和广大人民群众；中石化、中石油、国家电网、中海油、国家能源集团等能源企业，综合实力、品牌价值等在全球领先；深化能源领域“放管服”改革，能源治理方式由项目审批为主向战略、规划、政策、标准、监管、服务并重加快转变。

1981 年 6 月，国务院批准实施“1 亿吨原油产量包干”，超产原油出口收入作为勘探开发基金，保障了我国原油产量持续稳定增长，被称为“中国工业第一包”。1983 年成立中国石油化工总公司，1988 年石油工业部撤销，组建中国石油天然气总公司，中国海洋石油总公司分立。1998 年石油行业持续重组，成立中国石油天然气集团公司和中国石油化工集团公司，实现了上下游、内外贸、产销一体化经营。2000 年至 2001 年，中国石油、中国石化、中国海油股份公司先后改制上市，确立“油公司”体制，国际竞争力显著提升。

1949 年到 1978 年，我国电力发展速度很快，初步建成了较为完整的电力工业体系，但是依然赶不上国民经济发展需要。改革开放后，“集资办电”和“政企分开”等改革方针的实行，使我国电力工业发展进入了快车道。2002 年，国家启动了以“厂网分开、主辅分离”为主要内容的电力体制改革。国务院对国家电力公司资产进行重组，组建了两大电网公司、五大发电集团和四大电力辅业集团，厂网分开、发电侧充分竞争的格局正式形成。2015 年 3 月，党中央、国务院开启了新一轮电力体制改革，全面推进电力改革和电力市场建设，电力工业市场化发展加速推进。

5 能源国际合作向纵深发展

实现了从相对封闭到全方位开放合作的巨大转变，走上了共商共建共享、深度参与国际能源治理变革的新道路。70 年来，我国能源行业积极服务对外开放大局，全面发展同世界各国的能源交往合作，着力推进“一带一路”能源合作，广度深度不断拓展。

我国石油企业率先“走出去”，成为“一带一路”建设主力军。1993 年，中国石油企业按照党中央、国务院“充分利用国内外两种资金、两种资源、两个市场”重大战略部署，率先走出去进行海外合作、参与国际石油市场竞争，2018 年海外油气权益产量突破 2 亿吨。2013 年以来，我国石油企业积极响应“一带一路”倡议，与沿线国家全方位进行油气合作，推动油气业务一体化发展，先后与 24 个国家签订 115 个油气合作项目，成为“一带一路”建设主力军。此外还建成了五大国际油气合作区、四大油气进口战略通道。

一大批先进能源技术装备走出国门、走向世界。

与能源宪章、国际能源署、国际可再生能源署等国际能源组织实现了密切合作，倡导建立“一带一路”能源合作伙伴关系，推动成立上合组织能源俱乐部，成功举办中俄能源商务论坛、G20 能源部长会、APEC 能源部长会、国际能源变革论坛等国际性活动，建立双边合作机制 58 项，参与多边合作机制 33 项，在世界能源舞台唱响了中国声音。

海洋油气资源对外合作，开启改革开放先河。1978 年，党和国家最高决策层决定中国海洋石油工业对外开放，海洋石油成为中国工业领域第一个全方位对外开放的行业，被誉为“海上特区”。之后，中国海洋石油工业用近 40 年的时间走过西方先进同行的百年历程，建立起完整的现代海洋石油工业体系，具备了 300 米以上水深的自主开发能力。目前，中国海油已累计签署 255 个对外合作合同，国内海域年油气产量达到 5000 万吨油当量级。

1.3 能源供需总体形势

1 能源供需

能源消费增速放缓

2019 年我国能源消费总量 48.6 亿吨标准煤，同比增长 3.3%，增速较 2018 年下降 1.5 个百分点。我国以较低的能源消费增速支撑了经济的中高速增长。

2014~2019年一次能源消费

能源消费结构不断优化

2019 年，我国煤炭占能源消费的比重为 57.7%，比上年下降 1.5 个百分点。天然气、水电、核电、风电等清洁能源消费量占能源消费总量的 23.4%，提高 1.3 个百分点。其中非化石能源占一次能源消费的比重达到 15.3%，提高 1.0 个百分点，提前完成“十三五”规划目标。

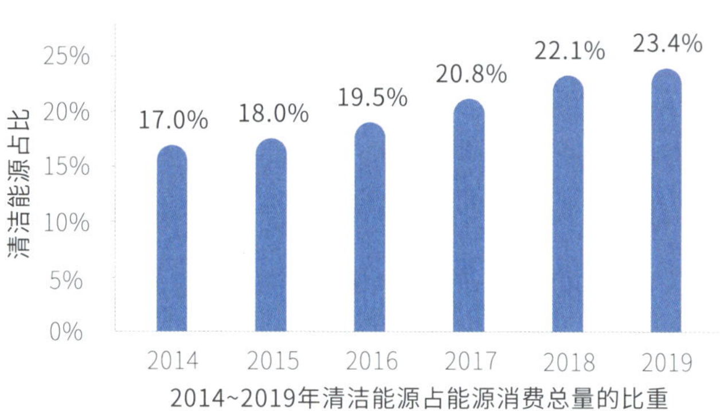

2014~2019年清洁能源占能源消费总量的比重

能源生产总体稳中有升

2019 年，全国一次能源生产总量 39.7 亿吨标准煤，同比增长 5.1%。其中，原煤产量 38.5 亿吨，同比增长 4.0%，增速比上年回落 0.5 个百分点；原油产量 1.91 亿吨，同比增长 0.9%，增速由负转正；天然气产量 1762 亿立方米，同比增长 10%，增速比上年提高 1.7 个百分点。发电量 7.5 万亿千瓦时，同比增长 4.7%，增速比上年回落 3.0 个百分点。

2014~2019年一次能源消费

2 能源效率

能源利用效率不断提高

2019 年，我国单位产值能源消费为 0.49 吨标准煤 / 万元，比上年下降 2.5%。其中，规模以上工业单位增加值能耗下降 2.7%。单位产值电力消费为 740 千瓦时 / 万元，同比下降 1.1%。重点耗能工业企业单位电石综合能耗下降 2.1%，单位合成氨综合能耗下降 2.4%，吨钢综合能耗下降 1.3%，单位电解铝综合能耗下降 2.2%。

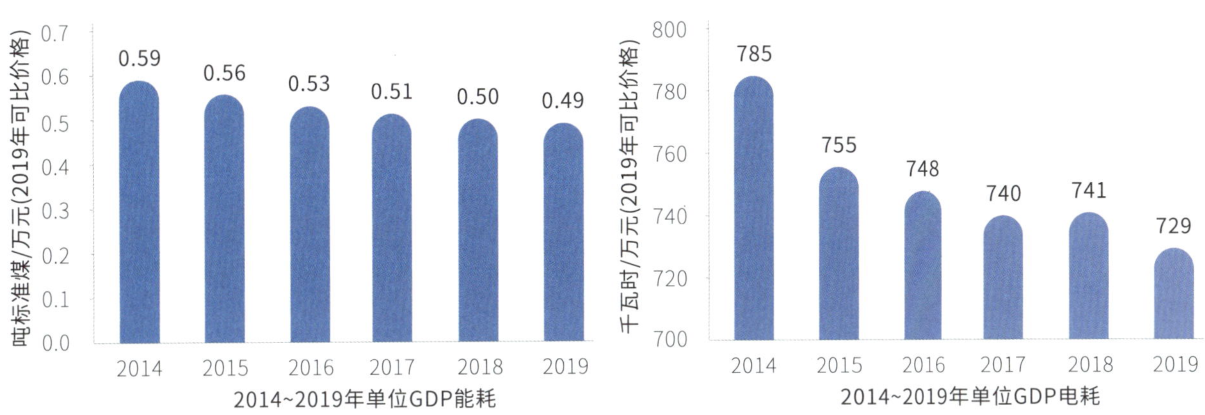

2014~2019年单位GDP能耗

2014~2019年单位GDP电耗

能源生产和输送效率持续提升

2019 年，全国大型煤炭企业原煤生产综合能耗为 10.92 千克标准煤 / 吨，同比下降 7.3%；大型煤炭企业原煤生产电耗 20.8 千瓦时 / 吨，同比下降 5.0%。

2019 年，全国单机容量 6 兆瓦及以上火电机组平均供电标准煤耗率约 307 克标准煤 / 千瓦时，相比 2018 年继续降低 0.7 克标准煤 / 千瓦时；新建机组平均供电标准煤耗率低于 300 克标准煤 / 千瓦时，继续保持世界先进水平。

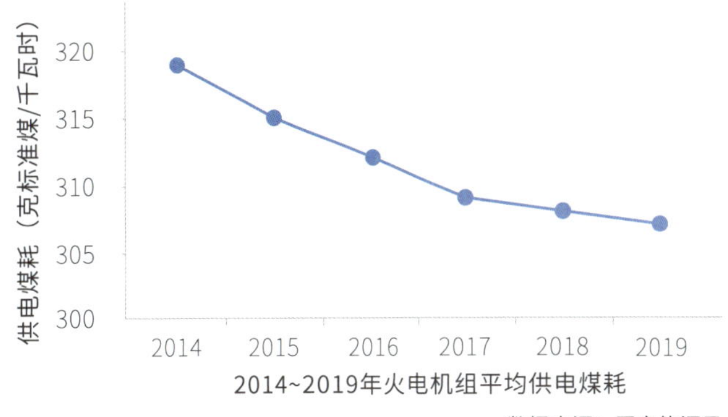

2014~2019年火电机组平均供电煤耗

数据来源：国家能源局

电网企业不断加强运行管理，2019 年，电网线损率 5.9%，同比下降约 0.37 个百分点。

3 能源与环境

能源生产消费清洁化程度不断提高

2019年，煤炭生产清洁化程度不断提高，全国原煤入洗率达到73.2%，同比提高1.4个百分点；煤矸石综合利用率71.0%，同比提高1.0个百分点；矿井水综合利用率75.8%，同比提高3.0个百分点；土地复垦率52.0%，同比提高2.5个百分点；瓦斯抽采利用率（井下）42.4%，同比提高1.6个百分点。

2019年，散煤治理、煤炭、钢铁行业超低排放改造与现代煤化工等煤炭清洁化利用取得新进展，其中，北方清洁取暖累计替代散烧煤约1亿吨，我国已建成世界上规模最大的清洁高效煤电系统，煤电超低排放机组超过8亿千瓦，排放标准世界领先。煤炭清洁化利用工作加快从电力领域向非电领域扩展，部分地方按照“超低改造一批、达标治理一批、淘汰落后一批”要求，对纳入改造范围的钢铁企业有序实施超低排放改造，力争到“十四五”末，钢铁行业污染物排放总量进一步削减。

二氧化碳排放强度不断下降

2019年，与能源相关二氧化碳排放量约96.3亿吨，同比增长1.8%。全国万元国内生产总值二氧化碳排放下降4.1%。

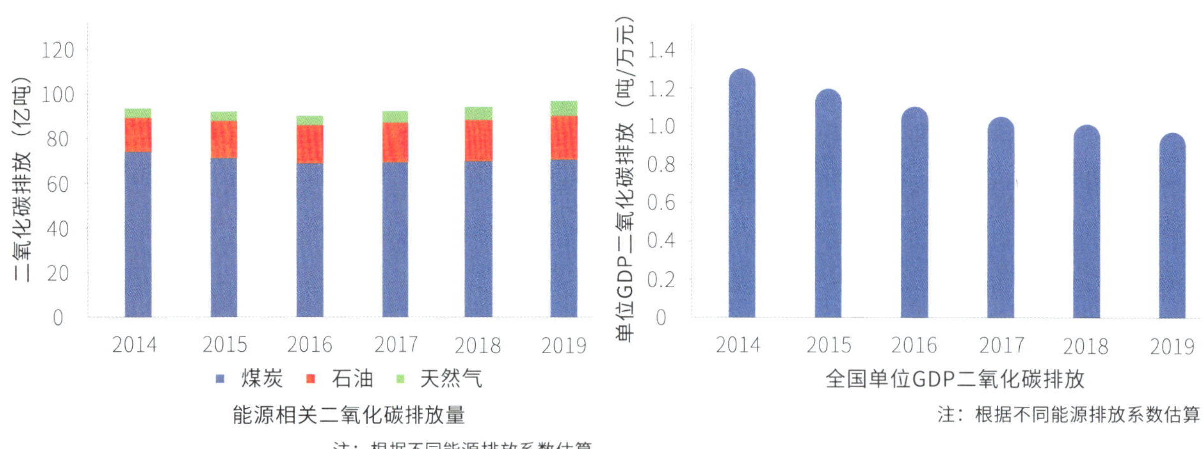

能源相关二氧化碳排放量

注：根据不同能源排放系数估算

全国单位GDP二氧化碳排放

注：根据不同能源排放系数估算

4 能流图

2019 年，我国能源消费中工业燃料占 51%，工业原料占 5%，交通能耗占 11%，建筑能耗占 14%，加工转化和传输损失占 19%。

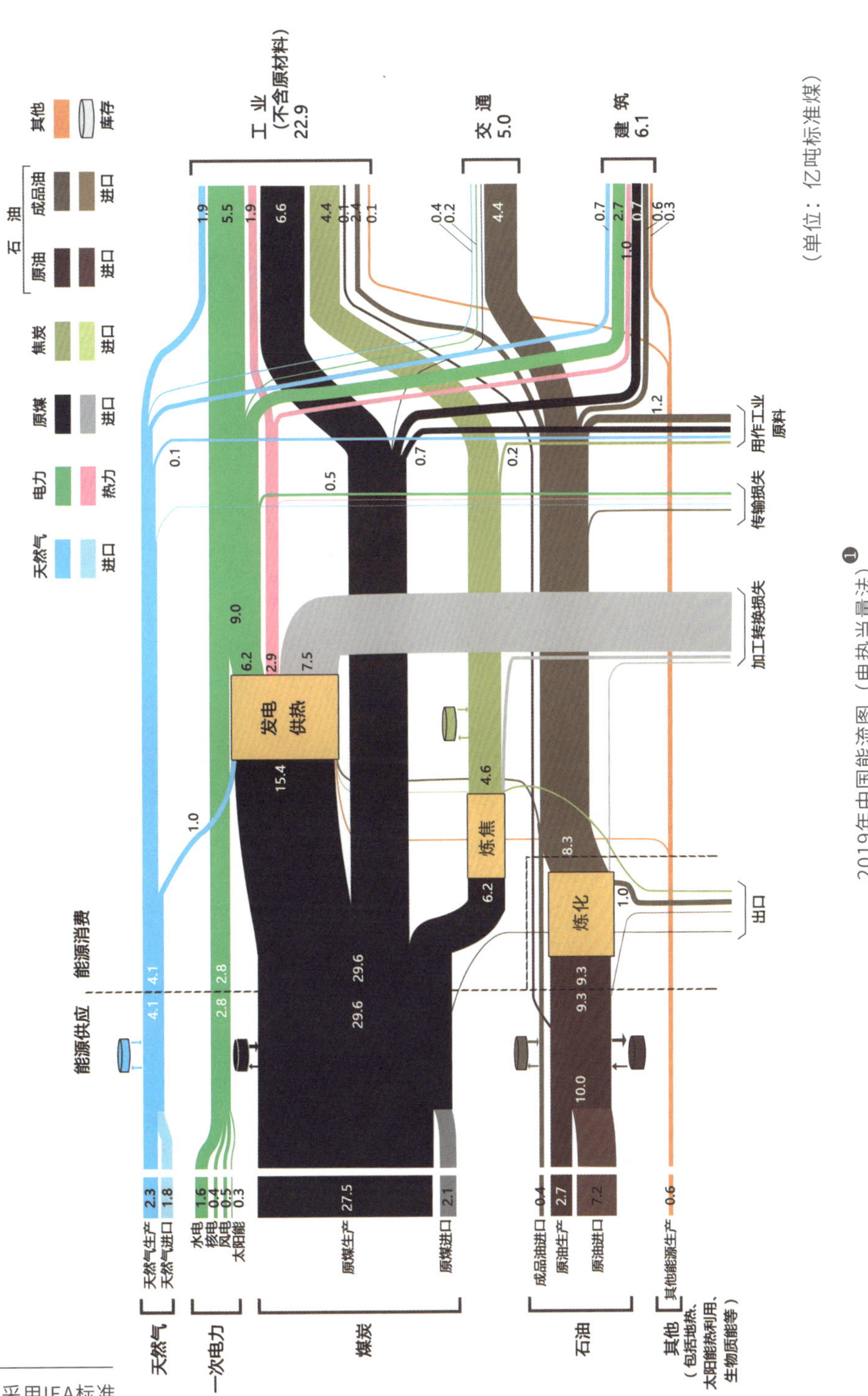

2019年中国能流图（电热当量法）❶

❶ 部门分类方法采用IEA标准

1.4 能源转型发展趋势

能源转型成为全球共识

绿色低碳发展已经是全球共识，发展清洁能源是各国应对气候变化的一致行动，全球已有近20个国家发布了零碳目标。2010年到2019年，全球可再生能源装机量翻了两番，全球清洁能源投资连续多年超过3000亿美元。为了应对疫情的影响，许多国家出台了积极的货币政策和经济刺激计划，清洁能源项目的资金成本也将随之降低，将加速清洁能源在全球的平价进程。

美国能源转型受多种因素影响

美国的清洁能源政策虽然在特朗普执政之下有所倒退，但很多州正在自己的范围内推动可再生能源发电的目标。目前，加利福尼亚州、夏威夷州和华盛顿特区已经明确100%清洁/可再生能源发电的目标，明尼苏达等10个州的议会也在讨论出台此类政策。美国能源转型的基本态势是市场力量、科技发展和政府政策等各种因素共同作用的结果，随着天然气产量快速增长和价格保持低位，风电、光伏随着技术进步发电成本不断降低，目前美国天然气发电成本已低于煤电，风电和光伏的无补贴发电成本也逐渐接近煤电成本，煤电逐渐失去价格竞争力，煤电机组大量关闭。2018年美国煤炭消费量同比下降4.3%，2019年煤炭消费量进一步下降约10%，2019年，可再生能源消费量首次超过煤炭消费量。

欧盟推出《欧洲绿色协定》

2019年7月，提出将2030年减排目标从40%提升到50%-55%，同时推出《欧洲绿色协定》《欧洲气候法》“欧洲可持续投资计划”“气候银行”“边境碳税”等举措，从税收、投资、监管等多方面促进欧盟的减排进程。根据“欧洲可持续投资计划”，在未来十年内为气候变化吸引公共部门和私人部门总计1万亿欧元的投资。“公正转型机制”（JTM）计划筹集1000亿欧元的投资，对因应对气变及减排而遭遇经济利益受损的地区、产业及人群进行补助，主要方式包括以引入新产业及项目来创造新经济支柱，帮助传统产业工人再就业，增加社会保障及服务等方式，应对新发展趋势带来的经济社会冲击，以使减缓气候变化、应对能源转型的过程是“社会友好型的公正转型”。

传统油气资源国加快可再生能源领域布局

沙特等油气资源国也加快可再生能源领域布局。2019年，沙特阿拉伯首个太阳能电站项目Sakaka PV IPP奠基动工，随后宣布在其西北部Dumat Al Jandal市打造首座陆上风电场，并陆续完成12个可再生能源项目的招标工作。预计到2020年，沙特风电新增装机量将占该地区的40%以上；沙特阿美成功上市，也将为沙特阿拉伯实现经济多元化和“愿景2030”提供资金支持。

传统能源公司加快转型速度

国际石油公司都选择了不同的绿色低碳战略，其中，欧洲公司更加重视可再生能源发展，壳牌、BP、道达尔通过扩展新能源业务实现低碳转型，2018 年至 2020 年，欧洲石油公司新能源支出占总支出的 5% 至 13%；美国石油公司将化石能源作为长期发展目标，埃克森美孚和雪佛龙等公司实施油气核心业务为主的衍生低碳战略，注重提高效率，减少石油和天然气的排放量。

国际大石油公司低碳业务发展动向

低碳业务＼公司	BP	雪佛龙	埃克森美孚	壳牌	道达尔
减少直接排放	●	●	●	●	●
提高天然气和LNG占比	●	●	●	●	●
太阳能	●	■		●	●
风能	●	■		●	●
生物燃料	●	■	■	●	●
地热		■			
水力发电					●
电力传输与分配				●	●
电池与充电装置	●			●	●
碳捕捉、采集与储存	■	●	●	●	■

● 现阶段发展业务　■ 正在研究/潜在投资业务

传统车企加快电动化进程

大众集团计划到 2022 年，对电动化、自动驾驶、出行服务、数字化等领域共投资超过 340 亿欧元， 将在 2020 年到 2021 年共推出 15 款纯电动车，18 款插混电动车，到 2025 年共推出 80 款新电动车型。宝马集团的目标是到 2021 年欧洲销售的车辆中 25% 为新能源车型，到 2025 年达到三分之一，到 2030 年达到一半。戴姆勒集团计划 2020 年新推出 5 款纯电动车型和 20 多款插电式混合动力车型，预计 2020-2021 年电动化车型（BEV+PHEV）销量占比分别增加到 9%、15%，到 2030 年将占据乘用车新车销量份额的 50% 以上。雷诺 - 日产 - 三菱联盟 2017 年发布的“联盟 2022”中期事业计划，联盟在电动化转型方面将进行多维度的协同发展，计划到 2022 年推出 12 款新车型，其中雷诺集团 50% 车型将实现电动化。

ENERGY CONSUMPTION

— 02

能源消费篇

2019 年，我国一次能源消费总量 48.6 亿吨标准煤，同比增长 3.3%。非化石和天然气消费保持较快增速，煤炭消费低速增长。能源结构继续优化，煤炭和非化石能源消费比重提前完成“十三五”规划目标。能源节约和能源替代持续推进，但仍有较大节能空间。煤炭、油气等能源价格均比上年有所下降。受新冠疫情影响，预计 2020 年，我国一次能源、煤炭和石油消费都将出现下降，非化石能源、天然气和电力消费保持增长。

2.1 总体情况

2019 年，我国一次能源消费总量 48.6 亿吨标准煤，同比增长 3.3%，增速比上年回落 1.5 个百分点。其中，煤炭消费量增长 1.0%，原油消费量增长 6.8%，天然气消费量增长 8.6%，电力消费量增长 4.5%。

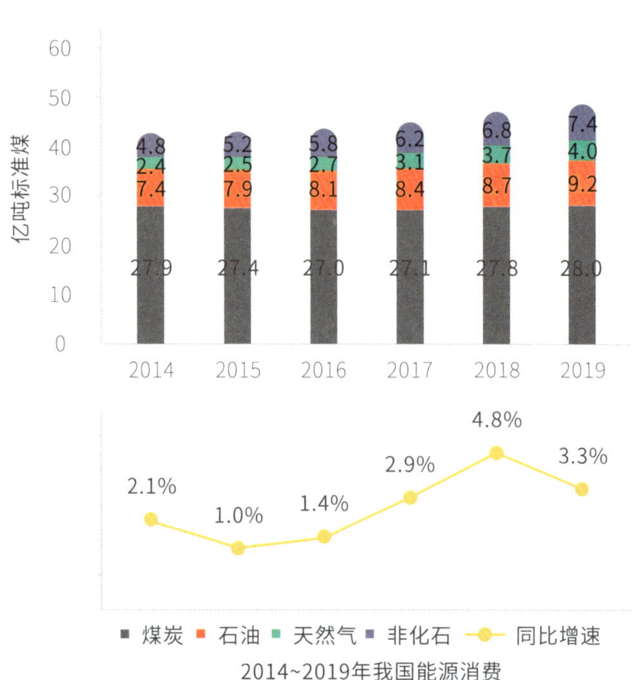

2014~2019年我国能源消费

2019 年，全国能源消费结构继续优化。煤炭消费量占能源消费总量的 57.7%，比上年下降 1.5 个百分点；提前完成“十三五”末降至 58% 以下的目标；天然气、水电、核电、风电等清洁能源消费量占能源消费总量的 23.4%，上升 1.3 个百分点。其中天然气占 8.1%，非化石能源消费占 15.3%。

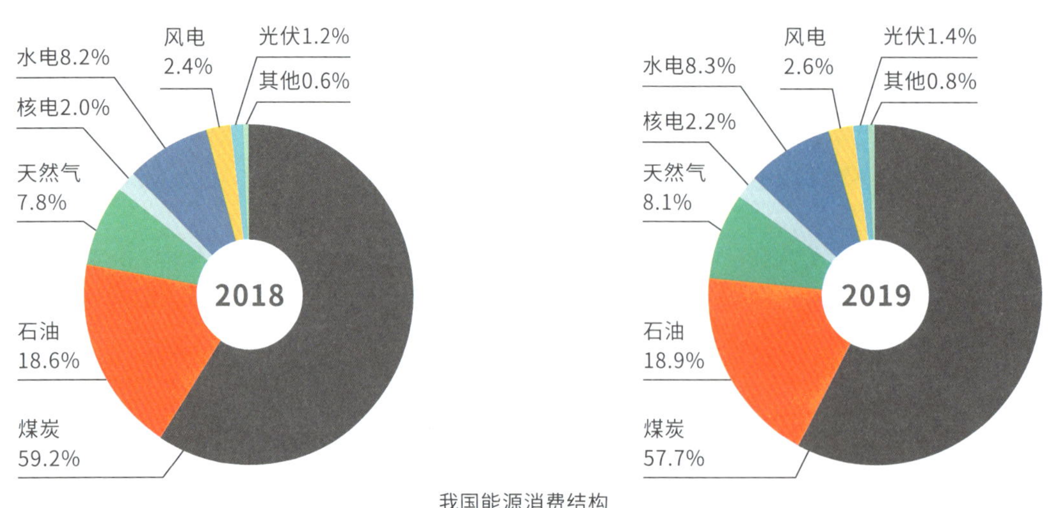

我国能源消费结构

2.2 分品种消费

1 煤炭消费

2019年，我国煤炭消费小幅增长。全年煤炭消费约40亿吨，增长1.0%。2019年政府工作报告将“推进煤炭清洁化利用”写入其中，这是我国在明确“煤炭消费比重进一步降低，清洁能源成为能源增量主体”的能源结构调整方向后，促进能源产业绿色化发展的另一个重要发力方向。

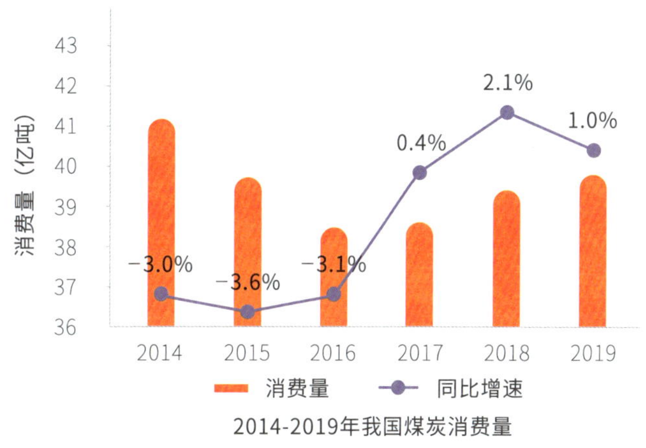

2014-2019年我国煤炭消费量

数据来源：国家统计局

从主要耗煤行业看，据煤炭工业协会测算，电力行业煤炭消费量增幅较大，全年耗煤22.9亿吨左右，同比增长9%；钢铁行业全年耗煤6.5亿吨，同比增长4.8%；建材行业耗煤大幅减少，全年耗煤3.8亿吨，同比下降24%；化工行业耗煤3.0亿吨，同比增长7.1%；其他行业耗煤减少约3500万吨。

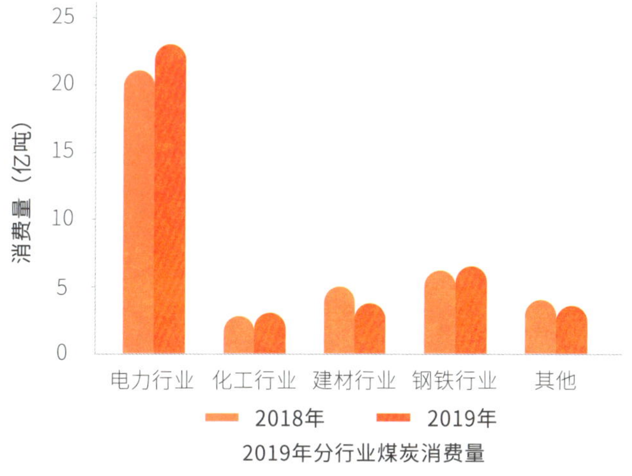

2019年分行业煤炭消费量

数据来源：煤炭工业协会

煤炭消费逐步西移。西部用电增速快于全国平均水平，广西、西藏、内蒙古、重庆、四川、甘肃、安徽、湖北、湖南、江西保持两位数增长。西部跨区送电大幅提升，降低沿海煤电负荷。

2 石油消费

2019 年，全球经济增速降至 2008 年金融危机以来最低水平，世界石油需求增量也自 2011 年以来首次降至 100 万桶 / 日以下。

世界主要国家石油消费情况

单位：亿吨

	2018年	2019年	同比增长
美国	8.44	8.42	−0.3%
中国	6.20	6.50	4.9%
印度	2.35	2.42	2.9%
日本	1.76	1.74	−1.1%
沙特阿拉伯	1.57	1.59	1.0%
俄罗斯	1.49	1.51	1.0%
韩国	1.22	1.20	−1.4%
巴西	1.09	1.10	0.8%
德国	1.06	1.07	0.9%
加拿大	1.05	1.03	−2.0%
全球	44.1	44.5	0.8%

数据来源：BP

2019 年，全国石油表观消费量约 6.5 亿吨，同比增加 0.4 亿吨，增速为 6.6%，增速比上年提高 3.2 个百分点。获得“两权”的地方炼厂数量增加，国内炼油能力继续增长，拉动了石油消费增长。

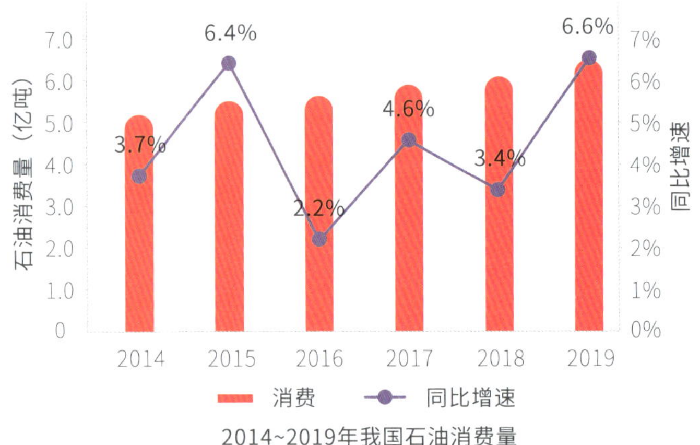

2014~2019年我国石油消费量

数据来源：国家统计局

据国家发改委统计，2019 年成品油表观消费量 32961 万吨，同比增长 1.4%，其中汽油同比增长 2.3%，柴油同比下降 0.5%。随着汽车市场发展进入成熟期，乘用车销量进入负增长，加之燃油效率提升，替代能源的快速发展以及城市公共交通分担率提高等出行方式的变革，汽油需求已由高速增长换挡为中低速增长。随着经济稳中趋缓，柴油消费出现下降。

3 天然气消费

2019 年，全球天然气消费量约 3.93 万亿立方米，同比增长 2.0%，较上年的 5.3% 有所放缓。主要原因在于：一是全球宏观经济增速下滑；二是亚太主要消费国消费增速放缓；三是美国气温温和，天然气消费增速远低于 2018 年。2019 年，世界天然气消费量排名前三的国家为美国、俄罗斯和中国，合计消费量占全球比重为 41%。

世界主要国家天然气消费情况

单位：亿立方米

	2018年	2019年	同比增长
美国	8199	8466	3.3%
俄罗斯	4545	4443	−2.2%
中国	2830	3067	8.6%
伊朗	2241	2236	−0.2%
加拿大	1183	1203	1.7%
沙特阿拉伯	1121	1136	1.4%
日本	1157	1081	−6.6%
墨西哥	876	907	3.5%
德国	859	887	3.3%
英国	793	788	−0.5%
全球	38517	39292	2.0%

数据来源：BP

在经历了 2017-2018 年“煤改气”强力推动、天然气消费高速增长的情况下，2019 年，尽管政策推动力度有所减弱，国内天然气消费仍保持了较快增长，但增速有所放缓，全年天然气消费量首次超过 3000 亿立方米，表观消费量 3067 亿立方米，同比增长 8.6%。增速下降 9.1 个百分点。

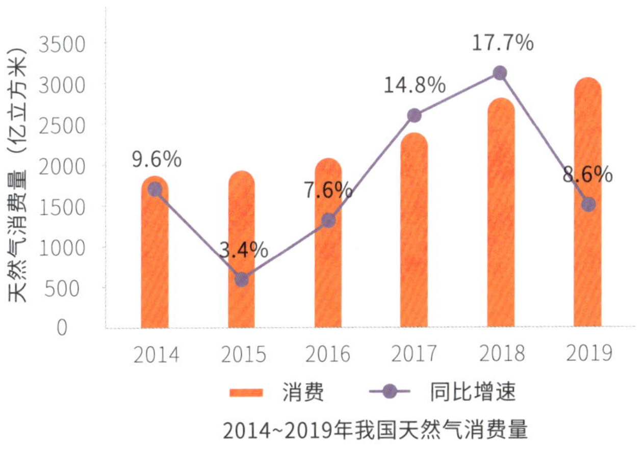

2014~2019年我国天然气消费量

数据来源：国家统计局

天然气消费季节性峰谷差更趋明显。受采暖需求拉动，冬季天然气消费增速快于其他季节。天然气消费最高月与最低月消费量之比由 2018 年的 1.27 提高到 2019 年的 1.33。

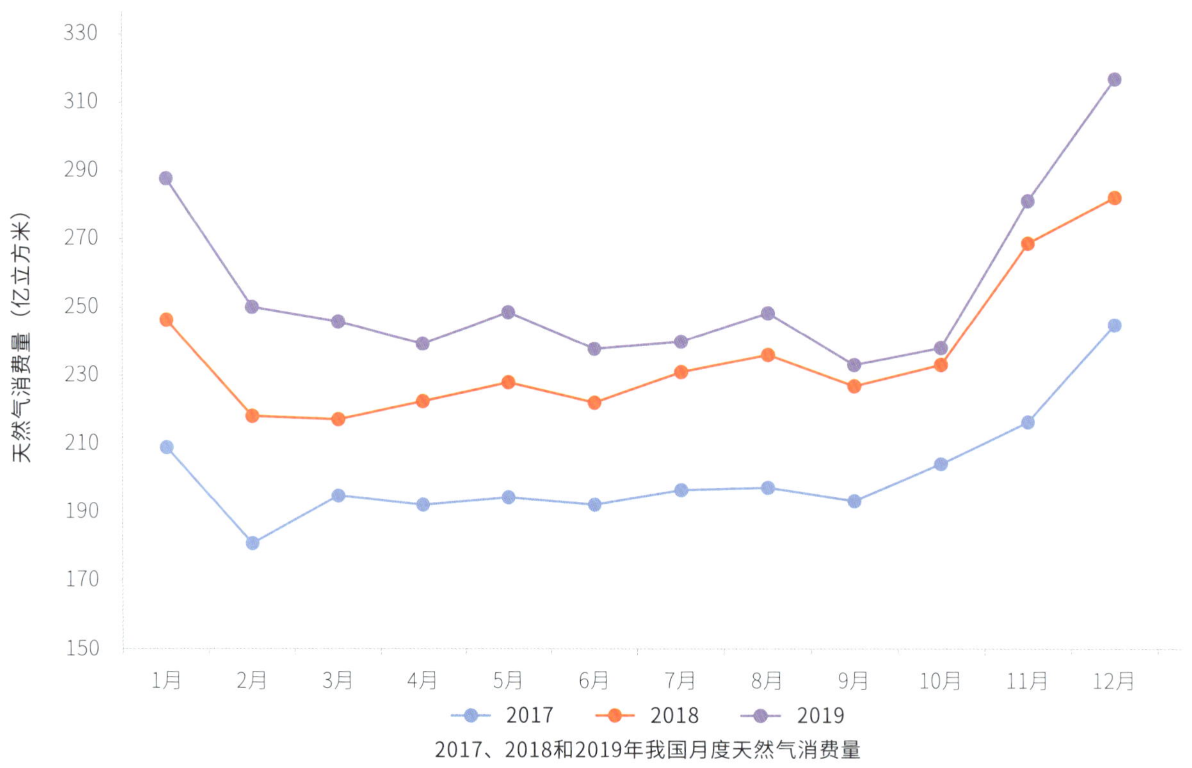

2017、2018和2019年我国月度天然气消费量

数据来源：国家统计局，海关总署，国家发改委

2019 年，部分地区“煤改气”补贴减少或停止，煤改气推进有所放缓。全年城市燃气用气量为 1290 亿立方米，增幅 14.7%。工业煤改气工程稳步推进，但在宏观经济下行的大环境下，加之清洁煤炭利用，致使工业用气增速放缓。估计全年工业用气量 1025 亿立方米，增幅 9.3%，低于上年 18.1% 的增速。受全社会用电量增速大幅下降、一般工商业电价降低等影响，天然气发电用气增速显著放缓。发电用气约 440 亿立方米，增幅 1.9%，较上年回落近 16 个百分点。全年化工用气量约 310 亿立方米，增幅 6.9%，上年为 -0.6%。

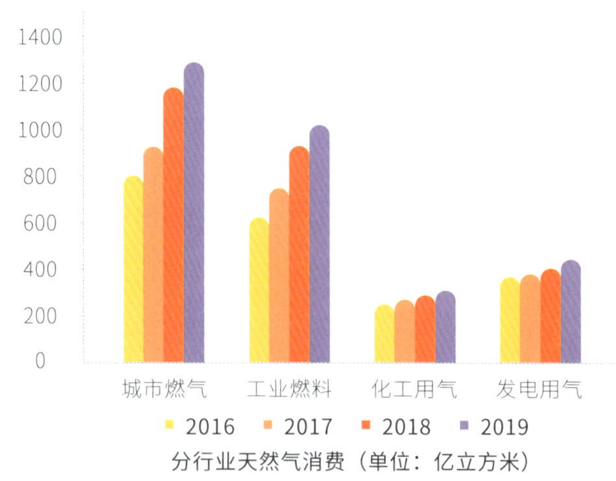

分行业天然气消费（单位：亿立方米）

4 电力消费

2019 年，全社会用电量约 7.2 万亿千瓦时，同比增长 4.5%，较 2018 年下降 4 个百分点。其中，第二产业用电量增速为 3.1%，第三产业用电量增速为 9.5%， 居民生活用电量增速为 5.7%。日均用电量 198 亿千瓦时；人均用电量 5161 千瓦时。

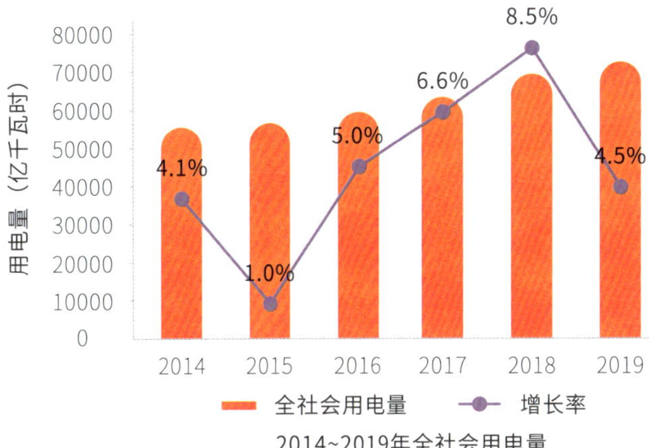

2014~2019年全社会用电量

2019 年，在国际环境复杂、国内经济下行压力加大和上年较高基数共同作用下，我国全社会用电增速下降至 4.5%，较 2018 年增速下降 4 个百分点。第二产业用电增速下拉全社会用电增速约 3 个百分点，是用电增速下滑的主要原因，高耗能与非高耗能第二产业用电增速双降，共同下拉工业用电低速增长。分季度看，前三季度用电增速随经济增速下滑同步下降，四季度在经济企稳后用电增速出现回升。

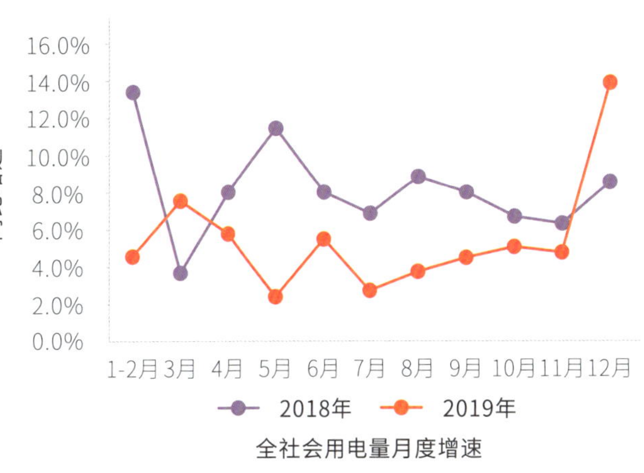

全社会用电量月度增速

2019 年，第一产业用电量 780 亿千瓦时，同比增长 4.5%；第二产业用电量 49362 亿千瓦时，同比增长 3.1%；第三产业用电量 11863 亿千瓦时，同比增长 9.5%；城乡居民生活用电量 10250 亿千瓦时，同比增长 5.7%。从用电占比看，受产业结构调整及信息化相关产业的迅速崛起，第三产业和居民生活用电占比逐年增加，第一产业和第二产业用电占比逐渐减小。

2019 年，四大高耗能行业合计用电增速为 2.0%，较 2018 年下降 4.1 个百分点，对全社会用电增长的贡献率为 12.9%，较 2018 年下降 7.7 个百分点。受环保督查、自然灾害和事故造成减停产因素影响，电解铝等产品产量增速下降。

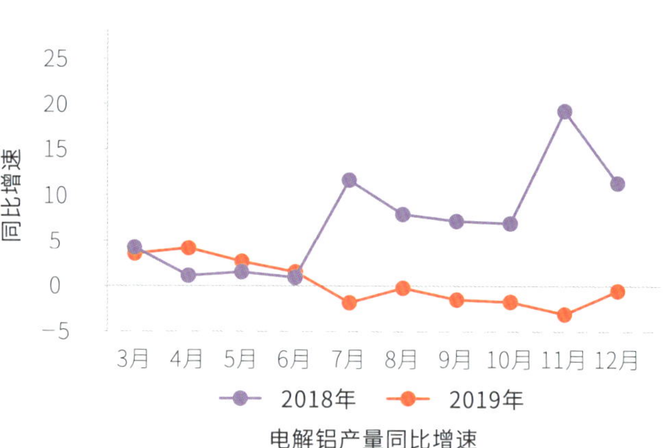

电解铝产量同比增速

随着我国经济社会的发展，新兴产业和传统产业电能替代成为电力消费增长主力。全年新兴产业用电量增长约 600 亿千瓦时，同比增长 20% 左右；全年电能替代量达到 2000 亿千瓦时，同比增长约 25%，其中冶金电炉、辅助电动力、建材电窑炉、工业电锅炉等电能替代量合计比重超过 50%。

2.3 能源替代和节能

1 交通领域电动化

2019 年全年新能源汽车销量 120.6 万辆，同比下跌 4.0%，这是我国新能源汽车自 2013 年以来首次出现全年下跌。新能源汽车销量占汽车销售总量的 4.7%。2019 年上半年，新能源汽车累计销量仍有高达 50% 的增长幅度；但受补贴退坡影响，下半年新能源汽车销量出现大幅下降。 在新能源乘用车中，纯电动汽车 2019 年累计销售 83.4 万辆，同比增长 5.9%；插电式混合动力汽车累计销售 22.6 万辆，同比下降 14.7%；新能源商用车累计销量 14.6 万辆，同比下降 28.3%。

截至 2019 年底，我国新能源汽车保有量达到约 380 万辆，约占汽车保有量的 1.5%。

我国新能源汽车销量主要以纯电动汽车为主，销量比重超过 80%，插电式混合动力汽车为辅，而燃料电池汽车的发展仍处于初级阶段。

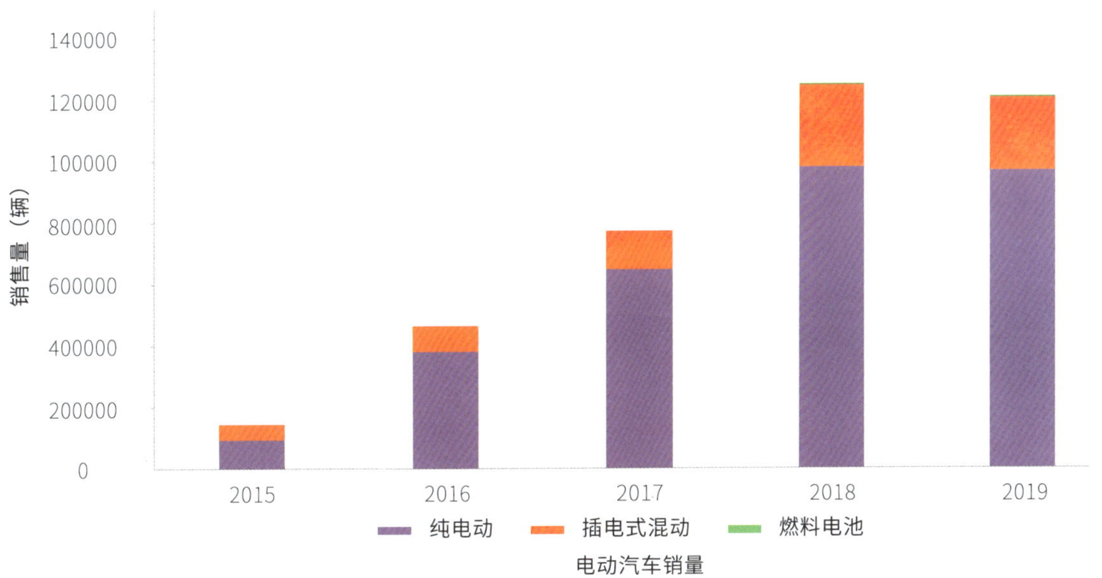

电动汽车销量

数据来源：中国汽车工业协会

12 月 3 日，工业和信息化部公布《新能源汽车产业发展规划（2021-2035 年）》（征求意见稿）。

征求意见稿提出，我国新能源汽车产业的整体发展目标为：纯电动汽车成为主流，燃料电池汽车实现商业化运行，公共领域用车全面电动化，高度自动驾驶智能网联汽车趋于普及。到 2025 年，新能源汽车新车销量占比达到 25% 左右，智能网联汽车新车销量占比达到 30%，高度自动驾驶智能网联汽车实现限定区域和特定场景商业化应用。

交通能源的电能替代，目前虽然量比较小，但增长速度很快。

交通领域用电量

单位：万千瓦时；%

	用电量	同比
电气化铁路	7203967	7.1
城市公共交通	2173827	17.5
充换电服务业	682154	127.7
港口岸电	45393	76.2

数据来源：中电联《2019年全国电力工业统计快报》

2 交通领域油改气

2019 年，全国天然气汽车产量 26 万辆，同比增长 30%，其中 LNG 重卡产量 15 万辆，同比增长 89%。《重型柴油车污染物排放限值及测量要求（中国第六阶段）》规定，7 月 1 日起新上牌燃气卡车需满足国Ⅵ排放标准，购置成本提升，致使大量客户上半年集中购车。同时，国内 LNG 价格保持低位，经济性回升截至 2019 年底，估计全国天然气汽车保有量 573 万辆，同比增长 4.2%。

2019 年以来，交通部、长江航务管理局、地方政府等相关部门出台政策措施推动 LNG 船舶发展，如受理 LNG 动力船过闸申请、优先布局 LNG 加注站建设、减排补贴等。长江上游第一座 LNG 加注码头重庆麻柳码头投运，实现长江上下游均有在运水上 LNG 加注站，加注便利度提升。未来 LNG 船舶发展有望迎来机遇期。

3 工业节能

工业能耗约占终端能源消费的 66%，是我国能源消费大户，节能潜力巨大。

提高工业能效

目前我国电力、电解铝等行业能效水平已经达到世界先进水平，钢铁、水泥等行业“领跑者”企业水平已经与发达国家相当，但石化化工等行业能效水平与发达国家相比仍有差距。行业内部先进与落后产能大量并存问题突出，主要工业行业能效平均水平普遍与行业“领跑者”水平相差 20% 左右。据初步测算，若主要高耗能行业的能效平均水平与“领跑者”水平差距由目前的 20% 缩小到 10%，则每年可减少能源消费 1.5 亿吨标准煤。

低品位余热资源用于集中供热节能

我国北方地区电力、钢铁、石化等行业低品位余热资源高达 3 亿吨标准煤，超过北方城镇集中采暖的总用能需求。如能打破行业和企业壁垒，通过应用长距离、大温差输送技术构建“多个热源、一张热网”的供热系统，将 50% 低品位余热资源用于集中供热，则可实现节能 1.5 亿吨标准煤。山西省太原市的太古供热项目就是利用了长距离输热技术，将之前难以利用的古交电厂余热资源，通过 37.8 公里管道输送到太原市，供热面积 7600 万平方米，替代了位于主城区的太原第一热电厂，每年可节约燃煤 93 万吨，减少二氧化碳排放 244 万吨，节能和环境效益显著。

加强资源循环利用节能

我国每年产生的可循环利用废弃资源数量巨大，我国目前每年产生废钢约 2.2 亿吨、厨余垃圾约 1 亿吨，到 2020 年我国退役电池累计约为 25GWh，这些“城市矿产”如果得到有效利用将产生巨大的节能效果。多用 1 吨废钢可节约 0.4 吨焦炭或 1 吨原煤，可减少 1.7 吨精矿粉消耗，减少 4.3 吨原矿开采，减少 1.6 吨二氧化碳的排放。目前，我国仍有大约 20% 左右废钢资源未得到有效利用，促进合理利用废钢资源、提升电炉钢比例，蕴含着巨大的节能空间。厨余垃圾填埋会造成土壤和地下室污染，而垃圾焚烧发电、生产沼气和生物柴油等既可实现无害化处理，又能产生能源，仅深圳市每年废弃食用油脂就可生产生物柴油约 1 万吨。

控制高耗能产业发展

我国多数高耗能产业都处于产能过剩状态。产能过剩造成错峰生产、限产停产等情况时有发生，单位产品生产能耗会有所增加。据测算，“十三五”后三年仅石化及化工新建项目新增能耗量就达到约 1 亿吨标准煤，若没有实现能耗等量和减量替代，将进一步导致产能过剩和能源消费增加。此外，随着我国主要高耗能产品需求饱和，部分行业可能寄希望于扩大出口。以钢铁行业为例，2018 年，我国钢材出口 6934 万吨，尽管相比去年同期下降 8.1%，但仍相当于直接或间接出口能源约 5000 万吨标准煤。同时，焦炭出口问题不容忽视。2018 年我国焦炭产量 43820 万吨，增长 0.8%，但焦炭出口 975 万吨，同比增长 20.8%。

4 建筑节能

我国建筑用能占终端能源消费的 18%。建筑总面积超过 600 亿平方米，但建筑节能总体水平较低，城镇既有建筑中仍有约 60% 的不节能建筑。其中，公共建筑用能浪费现象比较普遍，公共建筑约占总建筑面积的 18%，但能耗却占建筑总能耗的 40%，单位面积能耗强度是城镇居民建筑的 2.3 倍，是农村居民建筑的 3.9 倍。加强公共建筑节能管理，是降低公共建筑能耗的有效手段，其中建筑用能对标与公示近年来在国际上得到快速发展。

美国参与建筑用能对标与公示的建筑总面积达到约 10 亿平方米，该国能源部对纽约、华盛顿和旧金山等市用能对标与公示政策进行的效果评估显示，参与对标的建筑用能强度比对标前下降了 6% 左右。若我国采取对标和公示等措施加强公共建筑节能管理，预计每年可实现节能 0.2 亿吨标准煤。通过建筑节能改造将既有建筑节能标准由 50% 提高到 75%，同时结合综合管廊建设，对供热管网跑冒滴漏进行改造，可实现节能 0.7 亿吨标准煤。

5 交通节能

交通运输方式合理化

公路运输特别是中重卡运输油耗高、效率低，单位货物周转量公路运输能耗是铁路运输的10-15倍，是水运的11-16倍。目前，我国公路货运周转量占比接近50%，铁路货运周转量不足20%，公铁比为2.5，明显高于同样幅员辽阔的美国（公铁比1.2）和俄罗斯（公铁比0.1）。

通过交通运输方式合理化，推动大宗货物运输“公转铁”，可以提高运输效率，降低能耗。

抑制汽车用油过快增长

截至2019年底，我国汽车保有量达到2.6亿辆，与2018年底相比，增加2122万辆，增长8.8%。新增车辆中SUV和MPV等大型车与小轿车数量相当。每年交通用油约3亿吨，占我国石油消费总量的比超过50%，每年增长1300多万吨，直接推高我石油对外依存度。特别是，公共领域车辆保有量占比虽然不高，但大多使用强度大、油耗高，石油消耗量占比较高。

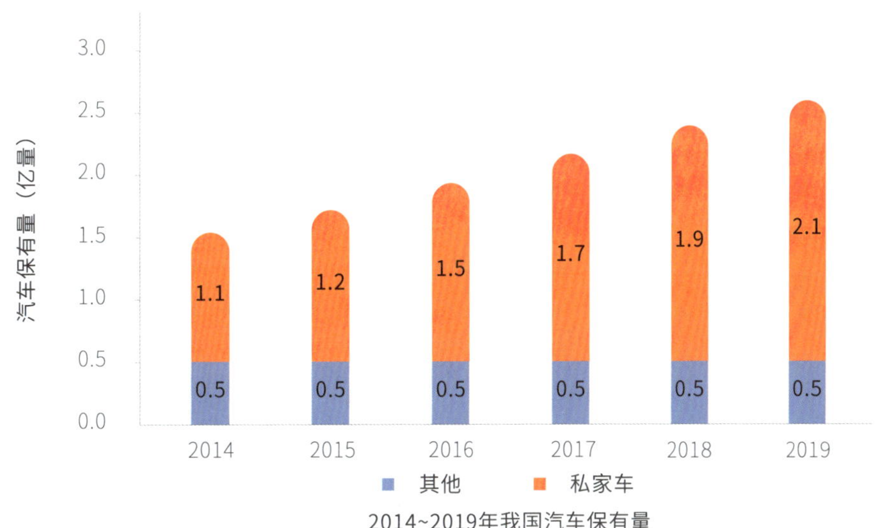

2014~2019年我国汽车保有量

数据来源：公安部交通管理局

公务用车、出租车、公交车、城市物流等公共领域用车虽然在汽车保有量中占比较小，但使用强度大，成品油消费总量较大。在公共领域用车中推广新能源汽车，推广难度较小、效果显著，是未来我国交通节能和能源替代的重要方向。应加大在公共领域推广新能源汽车的政策支持力度，通过财政补贴、以奖代补等手段，扩大新能源汽车规模。同时加强充换电基础设施建设，提高使用便利性。充分发挥新能源汽车的燃料替代作用，控制成品油需求增长。

2.4 能源价格

1 煤炭价格

2019 年以来，在我国宏观经济增速放缓、电力行业用煤需求持续低迷以及煤炭进口持续增长等多重因素影响下，我国煤炭价格整体有所下行，但较为稳定的年度长协价格对煤价形成一定支撑。

2019 年以来，煤炭价格虽有所下降，但整体仍处于较高水平，前三季度煤炭企业继续保持了较好的盈利及获现能力；煤炭价格的下跌预计将会对部分煤炭企业盈利水平形成拖累，但对发电、钢铁等下游企业利好。

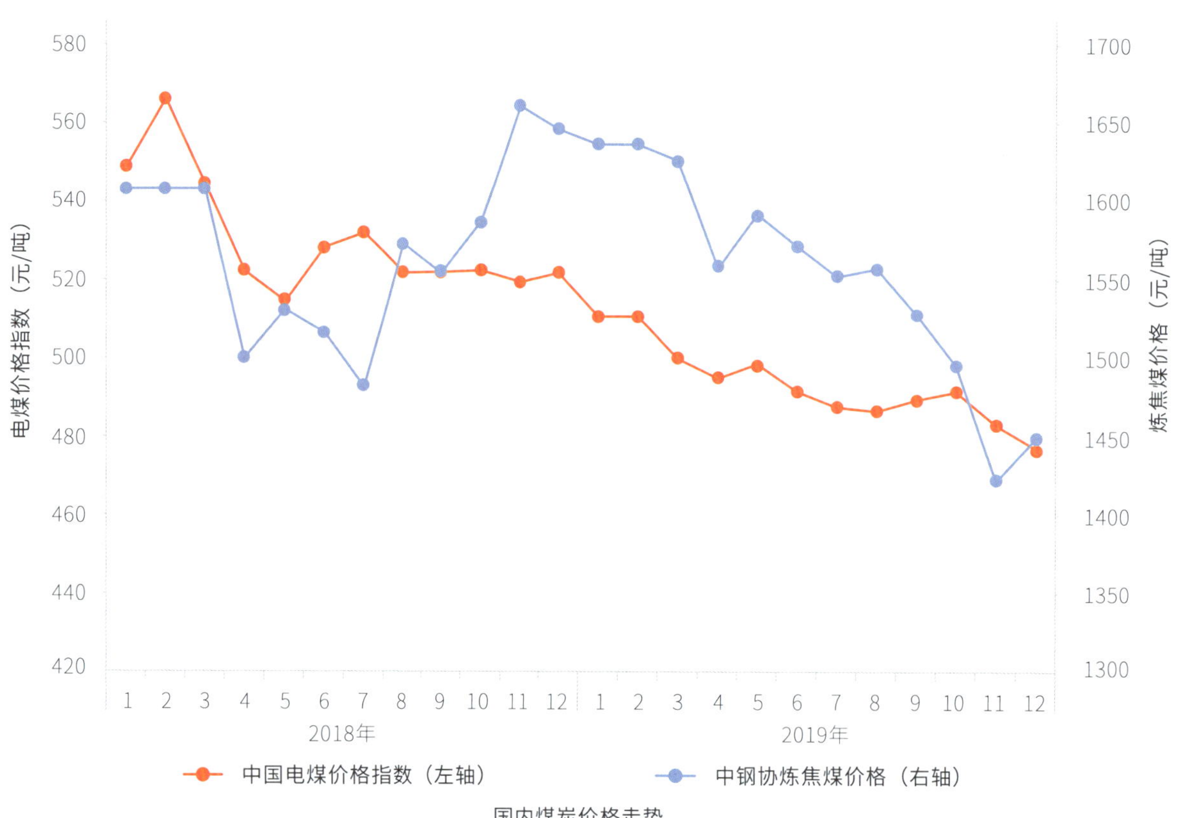

国内煤炭价格走势

2 石油价格

2019 年上半年，欧佩克与俄罗斯等国组成的“减产联盟”延续减产协议以支撑市场，全球石油市场供需基本面处于紧平衡，国际油价低位回升；下半年，中美贸易磋商进程曲折反复、宏观经济增长动能减弱、美国页岩油产量稳步增长，石油供需趋于宽松，油价呈现冲高回落态势。四季度末，中美贸易谈判稳步推进，第一阶段贸易协议达成，“欧佩克 +”扩大减产规模，多重利好因素支撑布伦特油价回升在 65 美元 / 桶 ~70 美元 / 桶。全年国际油价较上年同期下降，布伦特原油现货年平均价格为 64.2 美元 / 桶，比上年同期下降 10.0%；WTI 现货年平均价格为 57.0 美元 / 桶，比上年同期下降 12.5%。

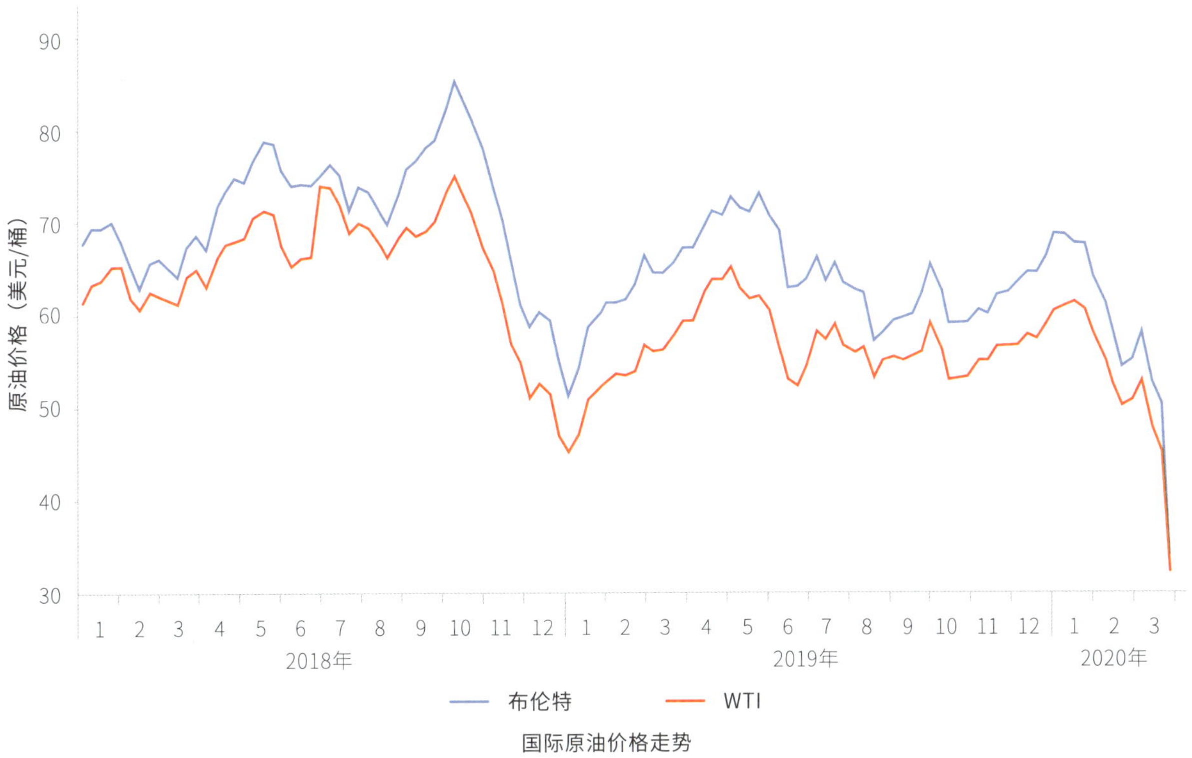

国际原油价格走势

受产油国抬高定价升水、油轮运费和保险费上涨、人民币兑美元汇率贬值等因素影响，2019 年我国原油实际进口价下降有限，同比仅下降 4.6%。

中国原油综合进口到岸价格（不含关税、增值税）

数据来源：上海石油天然气交易中心

3 天然气价格

2019 年，受国际油价回落、天然气需求增长放缓、LNG 供应持续过剩等因素影响，主要市场天然气价格出现不同幅度下跌，欧洲 NBP 价格跌幅达 44%，亚洲 LNG 现货均价跌幅达 39.4%，亚洲溢价进一步收窄。北美亨利港价格、欧洲 NBP/TTF、东北亚 LNG 现货均价的同步性明显增强。

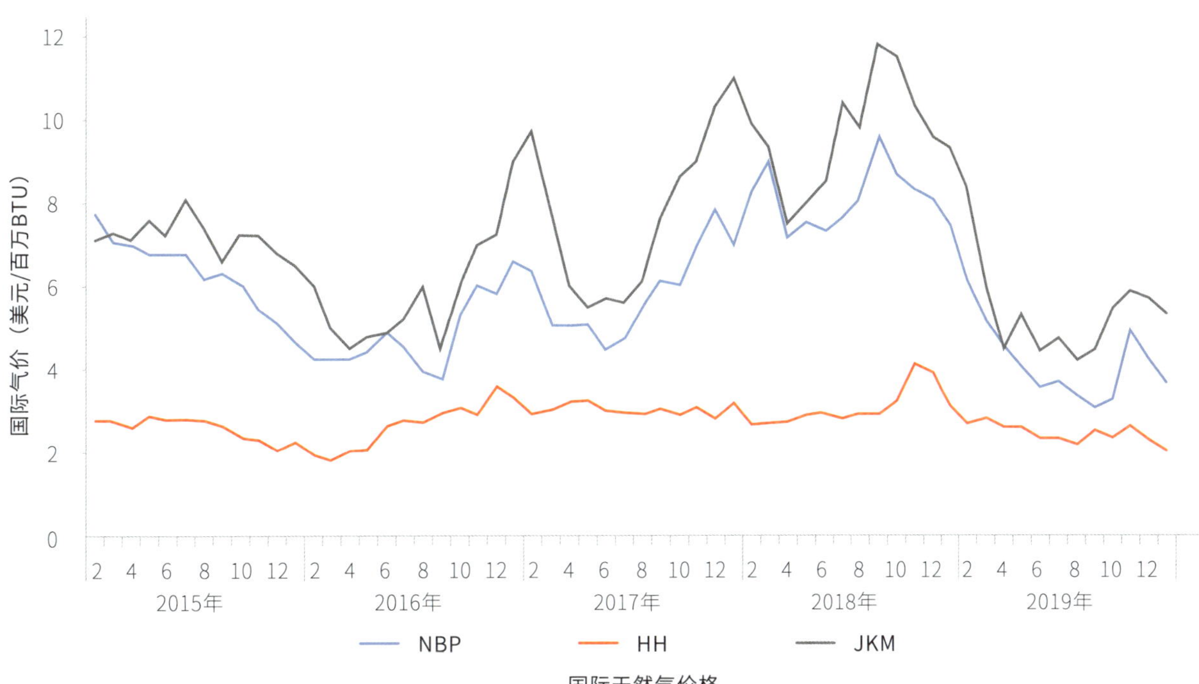

国际天然气价格

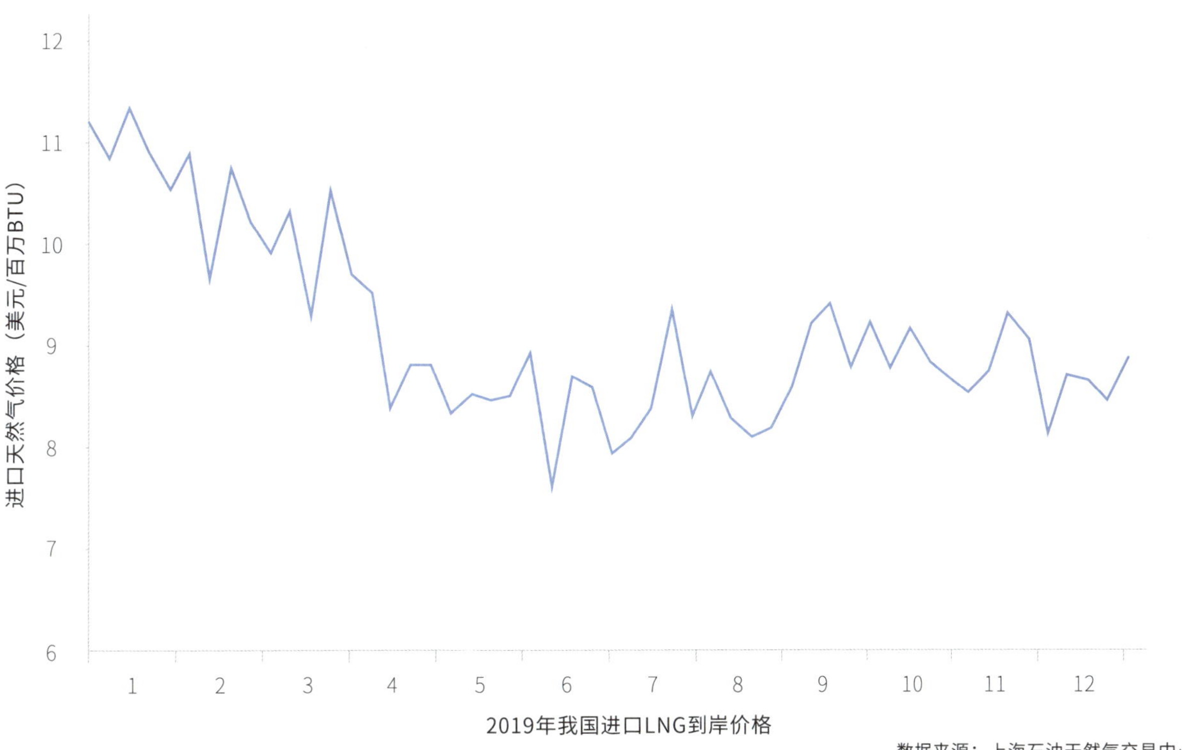

2019年我国进口LNG到岸价格

数据来源：上海石油天然气交易中心

2.5 能源消费预测

1 疫情对各产业的主要影响

国内与国外疫情发展对我国各行业有不同的影响，包括影响时间与影响程度。对于 2020 年预测，结合一季度实际情况，研究国内外疫情发展对各行业的影响时长，分别分析国内疫情对各产业的影响，以及国外疫情对出口的影响。

国内疫情防控措施对第二产业影响时间主要在一季度

截至 4 月底，国内疫情已得到有效控制，多地已多日无确诊病例，当前主要是防范境外输入。交通运输正在有序恢复，已不影响企业正常生产对人员返岗与物资流动的要求，企业在积极复工复产，其中中央企业复工复产超过 99%。

国内疫情防控措施对第三产业影响大小不一

当前国际疫情形势依然严峻复杂，境外疫情输入风险和国内疫情反弹风险依然存在，国内疫情防控工作已进入常态化。初步判断国内防控措施常态化有可能持续到年底。

疫情防控措施对第三产业内各行业影响存在明显的差异性。对交通运输行业，疫情防控措施影响行业的能源需求量，但影响程度将逐步减轻。对信息传输软件和信息技术服务业，随着线上产业在疫情期间快速发展，大数据存储服务等带动能源消费量高速增长，一季度行业用电量增速约 27%，其中互联网数据服务用电量增速超过 90%。预计线上产业在疫情结束后将进入快速发展期，信息传输软件和信息技术服务业能源需求将超常规增长。对餐饮娱乐等传统服务行业，疫情防控措施影响行业的能源需求量，并且影响将持续到年底。

国外疫情防控措施对我国的影响从二季度开始

疫情已在全球范围内蔓延，从影响的时间范围看，大部分国家主要在 3 月中下旬开始采取隔离等防控措施，一些国家的隔离防控措施已于 5-6 月份取消，由于疫情防控被非正常压制的消费需求与生产活动逐步恢复，但仍有一些国家疫情出现反复，国外疫情影响了我国二季度出口，并可能对下半年出口产生影响。

预计第一产业和居民生活用电受疫情影响较小，基本保持正常增长态势。第二产业和第三产业用电量受疫情影响较大，并且存在较大不确定性，因此分两种不同情景加以分析。

第一产业用电量平稳增长

第一产业用电量不受疫情影响平稳增长，预测 2020 年全年用电量约为 810 亿千瓦时，同比增速约 4%，增量约 30 亿千瓦时。

第二产业用电量存在不确定性

在低情景下，2020 年下半年第二产业生产恢复正常，但出口受国外疫情影响有所下降，用电量增速略低于往年正常水平，不足以弥补上半年用电量下降，预计全年第二产业用电量同比下降约 1%，同比减少用电量约 500 亿千瓦时。

在高情景下，2020 年下半年第二产业生产快速反弹，用电量增速高于往年正常水平，足以弥补上半年用电量下降，预计全年第二产业用电量同比增长约 2%，同比增加用电量约 1000 亿千瓦时。

第三产业用电量存在较大不确定性

在低情景下，2020 年下半年第三产业逐步恢复正常，但用电量增速略低于往年正常水平，预计全年第三产业用电量同比下降约 2%，同比减少用电量约 240 亿千瓦时。

在高情景下，2020 年下半年第三产业完全恢复正常，用电量增速恢复至往年正常水平，足以弥补上半年用电量下降，预计全年第三产业用电量同比增长约 2%，同比增加用电量约 240 亿千瓦时。

居民生活用电量保持较高增速

一季度居民生活用电量同比增长 3.5%，考虑国内外疫情发展基本不影响居民生活，预测全年用电量约 1.1 万亿千瓦时，同比增长约 7%，增量约 700 亿千瓦时。

预计，2020 年我国全社会用电量约为 7.2~7.4 万亿千瓦时，比 2019 年上升 0%~2.8%。

预计发电、钢铁、建材和传统煤化工用煤，以及散煤消费均出现，现代煤化工用煤保持增长，全年煤炭消费出现下降。

电力行业煤炭需求减少

2019 年，煤电发电量 4.56 万亿千瓦时，供热量约 4.4 万亿兆焦耳，电力行业消费煤炭 23 亿吨。2020 年用电量仅增长 0~2000 亿千瓦时，可全部由非化石发电满足，预计煤电发电量下降约 2%~4%，2020 年电力行业消费煤炭约 22~22.5 亿吨。

钢铁、建材、传统煤化工等行业煤炭需求减少

2019 年炼焦、炼铁、建材、传统煤化工等行业消费煤炭约 13.3 亿吨。预测 2020 年水泥和钢材消费量较 2019 年持平，由于废钢利用率提高，炼钢用煤有所下降；传统煤化工用煤将略有下降。预测 2020 年炼焦、炼铁、建材、传统煤化工等行业对煤炭的需求约 13 亿吨。

现代煤化工煤炭需求不受疫情影响

截至 2019 年底，我国煤制气产能约 51 亿立方米，生产天然气约 43 亿立方米；煤制油产能约 900 万吨年，生产成品油约 635 万吨；煤制烯烃产能约 1650 万吨 / 年，生产烯烃约 1085 万吨。2019 年，现代煤化工消费煤炭约 1.0 亿吨。

随着各项目产能利用率逐年提高，以及新项目投产，现代煤化工煤炭需求较快增长，预计 2020 年煤炭需求量约 1.3 亿吨。

其他用煤保持下降趋势

考虑以气代煤和燃煤热电联产替代散煤、北方地区清洁取暖继续推进实施，其他用煤将继续保持下降趋势。

预计，2020 年我国煤炭消费约为 39~39.6 亿吨，比 2019 年下降 1%~2.5%。

受疫情影响，国际石油需求大幅下跌，加之主要产油国开启市场份额之争，国际原油价格大幅下跌，预计 2020 年 WTI 原油全年均价在 30 美元 / 桶左右。“十四五”期间，全球石油需求将逐步恢复增长，但年均增量较低；低油价将使成本较高的页岩油、部分深水、加拿大油砂等资源被挤出市场。国际油价有望从 2020 年低位逐步回升，2021 年达到 41 美元 / 桶左右，比 2020 年提高 40%。

月度WTI油价走势

成品油受疫情影响需求减少

一季度成品油消费量同比下降 20%，考虑防控措施常态化，成品油需求将持续受到影响，预计全年国内成品油需求为 3.1 亿吨，同比下降 6%。

其他用油总体保持稳定

疫情防控措施提振了部分医用化工原材料需求，化工用油需求将出现增长；燃料油、LPG 等石油制品需求下降。总体来看，除成品油之外的其他用油总体保持稳定。

预计，2020 年我国石油消费约为 6.3 亿吨，比 2019 年约下降 3.1%。

随着城镇化推进、用气人口增长，我国城市燃气需求将刚性增长，受疫情影响，发电、化工和工业燃料用气将持平或略有下降。

城市燃气需求不受疫情影响刚性增长

随着城镇化推进，2020 年天然气气化人口将达到 4.9 亿，城镇居民、商业等用气领域保持增长。为打好蓝天保卫战、提高清洁采暖率，重点地区和城市实施空气污染治理、提高清洁采暖率，采暖用气快速增加。受产业政策、国内 LNG 价格保持较低水平影响，交通用气需求平稳增长。综上，预计 2020 年城市燃气需求增长 7% 左右，达到 1370 亿立方米。

工业燃料用气略有下降

各地政府将继续鼓励工业用户使用清洁能源，带动工业领域用气量需求。但受经济下行影响，部分工业企业承受能力减弱，工业用气需求将略有下降。预计 2020 年工业燃料用气需求 1030 亿立方米左右，比 2019 年降低约 0.7%。

发电用气基本持平

2019 年，我国气电装机容量 9022 万千瓦，发电用气约 440 亿立方米。预计 2020 年气电装机增长到约 9700 万千瓦，但由于电力需求增长较小，天然气发电量将与上年持平，发电用天然气约 440 亿立方米。

化工用气需求不受疫情影响

2019 年化工消费天然气 310 亿立方米，在化工行业天然气主要是作为生产化肥的原料。2020 年要落实“六保”任务，保障粮食安全，预测天然气需求量将稳定在 310 亿立方米。

预计，2020 年我国天然气消费约为 3150 亿立方米，比 2019 年增长 2.7%。

受疫情影响，预计 2020 年我国煤炭和石油消费将出现下降，天然气和非化石能源消费将保持增长，但增速有所回落。一次能源消费总量在 48.1~48.5 亿吨标准煤之间，比 2019 年下降 0.2%~1.1%。电力消费 7.2~7.4 万亿千瓦时，比 2019 增长 0~2.8%。

2020 年能源消费预测

	2019年	2020年	同比
煤炭（亿吨）	40	39.0~39.6	−2.5%~−1.0%
石油（亿吨）	6.5	6.3	−3.1%
天然气（亿立方米）	3067	3150	2.7%
非化石能源（亿吨标准煤）	7.4	7.8	4.8%
一次能源（亿吨标准煤）	48.6	48.1~48.5	−1.1%~−0.2%
电力（万亿千瓦时）	7.2	7.2~7.4	0~2.8%

ENERGY PRODUCTION

— 03

能源供应篇

2019 年，我国一次能源生产总量稳步增长。煤炭产量增速略有回落，生产布局持续优化。油气增储上产态势良好，原油产量增速由负转正，天然气产量较快增长。电力供应保障能力持续提升，电源结构稳步优化。煤炭运输通道、油气管网、储气库、电网、储能等能源基础设施进一步完善。油气对外依存度持续提高，能源安全保障仍存在薄弱环节。2020 年，预计我国能源生产受疫情影响较小，一次能源产量总体保持稳定。

3.1 总体情况

1 能源生产总量和结构

2019 年，我国能源生产总体稳中有升，达到 39.7 亿吨标准煤，同比增长 5.1%。在能源生产总量中，煤炭占 68.6%，石油占 6.9%，天然气占 5.9%，一次电力及其他能源占 18.6%。

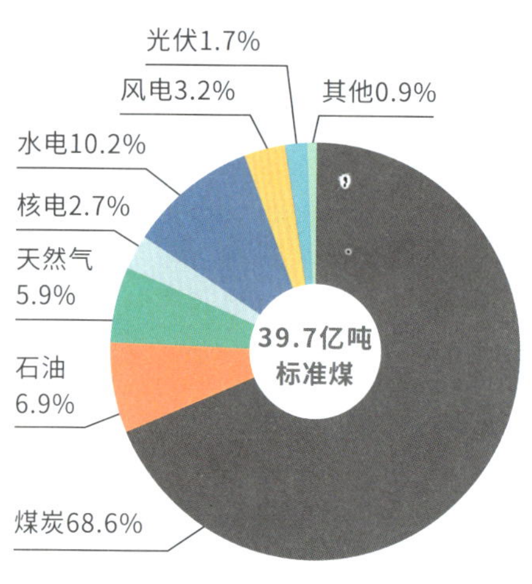

2019年我国能源生产结构

截至 2019 年底，我国电力装机容量约 20.1 亿千瓦，同比增长 5.8%。其中 2019 年新增装机 1.1 亿千瓦。全年发电量约 7.33 万亿千瓦时，同比增长 4.7%。

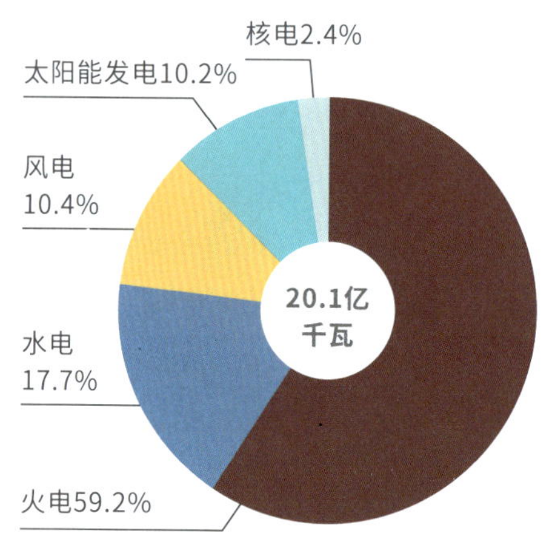

2019年我国电力装机结构

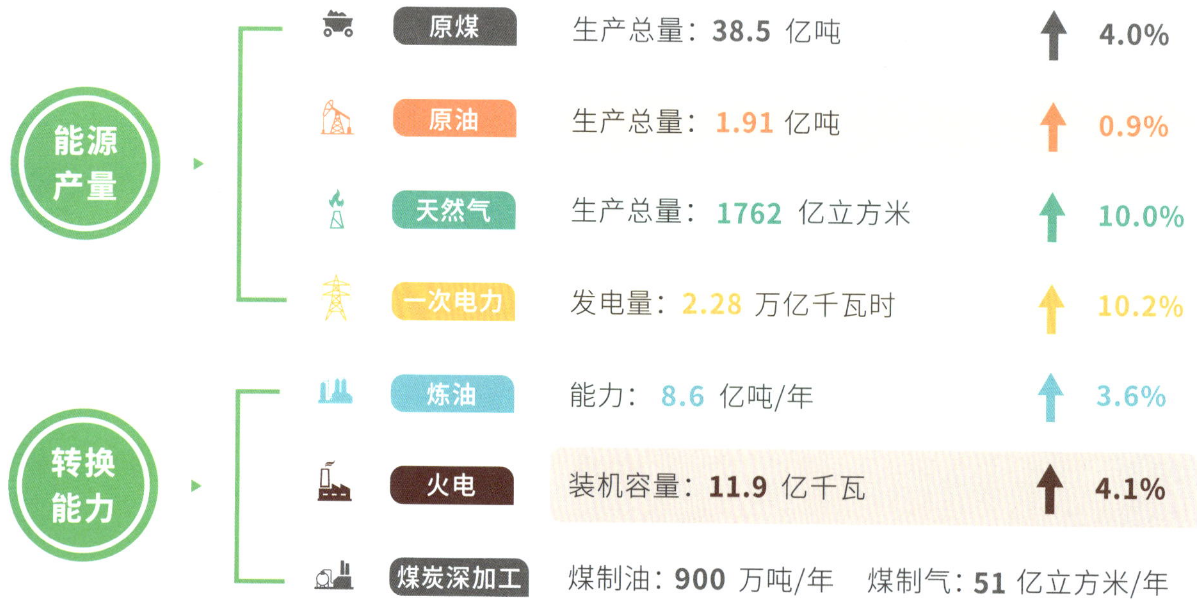

2 发电结构

2019 年，全球发电量 27 万亿千瓦时，比上年增长 1.3%。其中，煤电发电量占比 36.4%，气电占 23.3%，核电占 10.4%，水电占 15.6%，风电占 5.3%，太阳能占 2.7%。

随着能源转型步伐加快和电力体制改革的深入推进，我国火电发电装机增速放缓，可再生能源装机占比不断提高，完成规模化开发的水电发展趋于平缓，风电、光电和核电发展进入快车道。2019 年，规模以上工业发电 7.3 万亿千瓦时，比上年增长 4.7%，增速比上年回落 4.3 个百分点。其中，煤电占比 62.3%，气电占 3.2%，核电占 4.8%，水电占 17.8%，风电占 5.5%，太阳能占 3.1%，其他占 3.1%。电源结构不断优化，水电、核电、风电和太阳能发电占全部发电量的 31.2%，占比较上年提高了 1.5 个百分点。

2019 年世界主要国家发电量和发电结构

	发电结构								发电量合计（亿千瓦时）
	煤炭	天然气	石油	核电	水电	风电	光伏	其他	
中国	62.3%	3.2%	0.2%	4.8%	17.8%	5.5%	3.1%	3.1%	73253
美国	23.9%	38.6%	0.5%	19.4%	6.2%	6.9%	2.5%	2.0%	44013
印度	73.0%	4.6%	0.5%	2.9%	10.4%	4.1%	3.0%	1.6%	15587
俄罗斯	16.3%	46.5%	0.6%	18.7%	17.4%	0.0%	0.1%	0.4%	11181
日本	31.5%	35.0%	4.3%	6.3%	7.1%	0.8%	7.3%	7.7%	10363
加拿大	8.3%	10.5%	0.6%	15.2%	57.8%	5.2%	0.7%	1.7%	6604
巴西	4.1%	9.4%	1.3%	2.6%	63.8%	8.9%	0.9%	9.0%	6256
德国	28.0%	14.9%	0.8%	12.3%	3.3%	20.6%	7.8%	12.4%	6124
韩国	40.8%	25.8%	1.3%	25.0%	0.5%	0.3%	1.4%	5.0%	5847
沙特阿拉伯	0.0%	57.6%	41.9%	0.0%	0.0%	0.0%	0.5%	0.0%	3574
英国	2.1%	40.9%	0.3%	17.4%	1.8%	19.8%	3.9%	13.7%	3237
全球	36.4%	23.3%	3.1%	10.4%	15.6%	5.3%	2.7%	3.3%	270047

数据来源：BP，国家能源局

3 能源行业投资

2019 年，主要能源行业固定资产投资同比提高 11.3%。大部分能源行业固定资产投资出现较大增长，其中，煤炭开采和洗选业投资同比增长 29.6%，石油和天然气开采业投资增长 25.7%，炼油行业投资增长 12.4%，电源投资增长 12.6%，燃气生产和供应业投资增长 18.1%。电网投资下降 9.6%。

我国能源行业固定资产投资

单位：亿元

	2018年	2019年	同比增速
煤炭开采和洗选业	2805	3635	29.6%
石油和天然气开采业	2630	3306	25.7%
石油加工、炼焦及核燃料加工业	2947	3313	12.4%
电源投资	2787	3139	12.6%
电网投资	5374	4856	−9.6%
燃气生产和供应业	2373	2802	18.1%
合计	18916	21051	11.3%

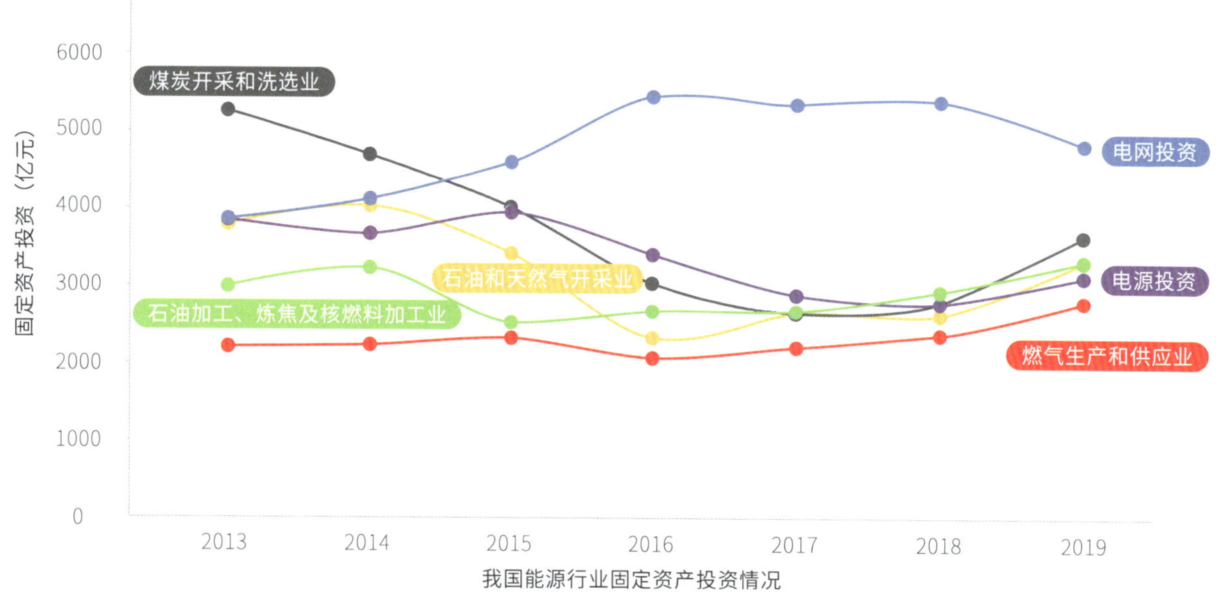

我国能源行业固定资产投资情况

数据来源：国家统计局、国家能源局

3.2 一次能源生产

1 煤炭生产

全球煤炭生产增速回落

2019年，全球煤炭产量为79亿吨，较上年上升1.1%，低于2018年4.0%的增速。世界煤炭市场虽然延续了自2016年下半年以来的周期性上升态势，但向上增长的动力已明显减弱，下行调整的趋势愈加强劲，世界主要产煤国中大多已出现产量下降，国际煤炭贸易趋于萎缩，煤炭价格连续下滑，全球煤炭产业发展充满新挑战。

中国、印度、美国煤炭产量全球排名前三位，分别为38.5亿吨、7.6亿吨和6.4亿吨，合计占全球比重超过64%，其中中国约占47%。2019年，世界煤炭产量增量较多的国家为中国、印尼，增量分别为1.5亿吨、5000万吨；煤炭产量下降最多国家分别为美国、德国和保加利亚，下降量分别为4600万吨、3500万吨和1500万吨。

世界主要国家煤炭生产情况

	国家	2018年	2019年	同比增速
1	中国	36.98	38.46	4.0%
2	印度	7.60	7.56	−0.5%
3	美国	6.86	6.40	−6.7%
4	印度尼西亚	5.59	6.10	9.5%
5	澳大利亚	5.06	5.07	0.2%
6	俄罗斯	4.42	4.40	−0.3%
7	南非	2.53	2.54	0.4%
8	德国	1.69	1.34	−20.7%
9	波兰	1.22	1.12	−8.2%
10	哈萨克斯坦	1.18	1.15	−2.6%
	世界	80.91	81.29	0.5%

数据来源：中国煤炭经济研究会

国内原煤生产增速略有回落

2019 年，全国原煤产量 38.5 亿吨，比上年增长 4.0%，增速比上年回落 0.5 个百分点。煤炭产能继续释放，全年去产能 1 亿吨，新增产能 1.5 亿吨，净增产能 5000 万吨。

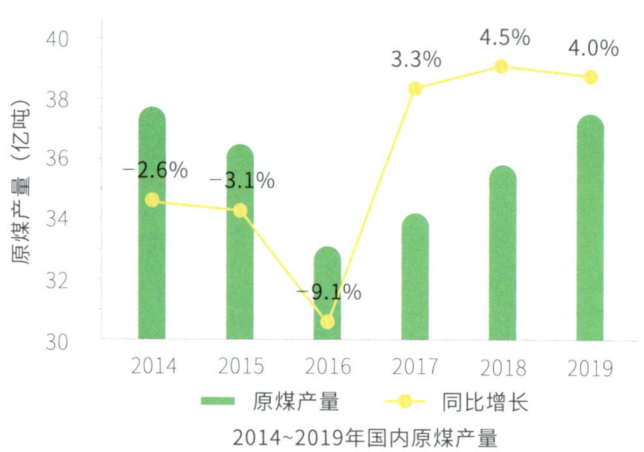

2014~2019年国内原煤产量

数据来源：国家统计局

煤炭生产布局持续调整，生产向优质产能省份集中

随着落后产能的逐步淘汰和先进产能的不断释放，我国煤炭产业格局进一步优化，集中度不断提高，煤炭生产进一步向优质产能省份集中。2019 年，内蒙古原煤产量突破 10.35 亿吨，同比增长 8.5%；山西、陕西煤炭产量分别为 9.71 亿吨、6.34 亿吨，同比增长 6.1%、1.7%。以上三省区原煤产量 26.4 亿吨，占全国的 70.5%，比重比上年提高 1.1 个百分点，三省份合计增量占全国的 97.3%。

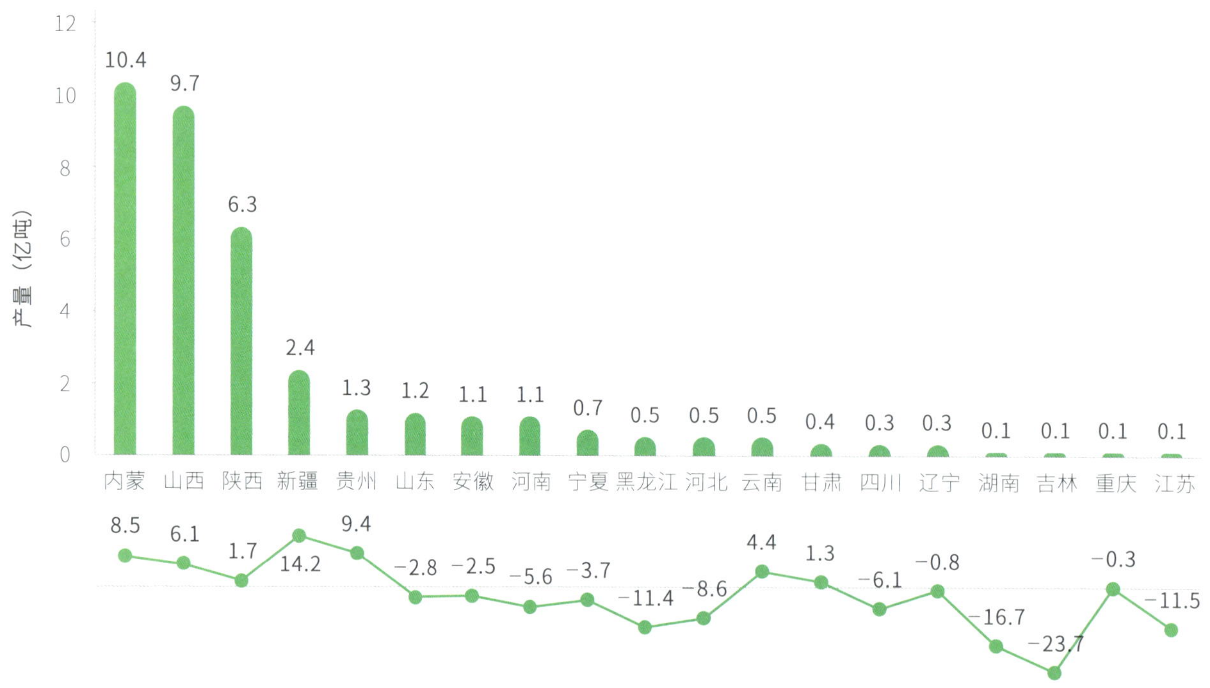

2019年分地区煤炭产量和同比增速

数据来源：国家统计局

2 原油生产

全球石油产量略有下降

2019 年，全球石油产量 44.85 亿吨，较上年下降 0.3%。“欧佩克 +”减产联盟主动超额减产，沙特阿拉伯减产幅度超过了向欧佩克承诺的水平，伊朗和委内瑞拉受美国制裁被动减产，欧佩克产量下降约 9000 万吨，非欧佩克产量增长约 7500 万吨。

美国、沙特、俄罗斯石油产量全球排名前三位，分别为 7.5 亿吨、5.7 亿吨和 5.6 亿吨，合计占全球比重超过 41%。2019 年，世界石油产量增量前三的国家为美国、巴西和伊拉克，增量分别为 7500 万吨、1100 万吨和 700 万吨；石油产量下降最多国家分别为伊朗、委内瑞拉和沙特阿拉伯，下降量分别为 6400 吨、2900 万吨和 2000 万吨。

世界主要国家石油生产情况

单位：亿吨

		2018年	2019年	同比
1	美国	6.72	7.47	11.2%
2	俄罗斯	5.63	5.68	0.8%
3	沙特阿拉伯	5.77	5.57	−3.5%
4	加拿大	2.68	2.75	2.6%
5	伊拉克	2.27	2.34	3.2%
6	伊朗	2.25	1.61	−28.4%
7	中国	1.89	1.91	0.9%
8	阿联酋	1.77	1.80	2.0%
9	科威特	1.47	1.43	−1.9%
10	巴西	1.40	1.51	7.5%
	全球	45.00	44.85	−0.3%

数据来源：BP，IEA

美国的页岩油产量延续了上涨势头，产量增量占非欧佩克总增量的 70% 左右，在 2019 年 9 月实现 70 年来首次单月石油净出口。

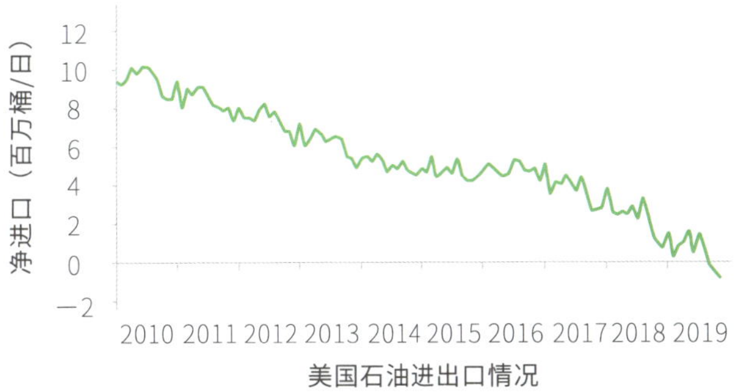

美国石油进出口情况

数据来源：EIA

国内勘探开发投入加大，油气勘探新发现增加

2018 年 7 月习近平总书记作出关于今后若干年要加大国内油气勘探开发力度，保障我国能源安全的重要批示。

2019 年，三大石油公司上游投资增幅超过 20%，加大风险勘探力度，勘探发现达到历史最高水平。

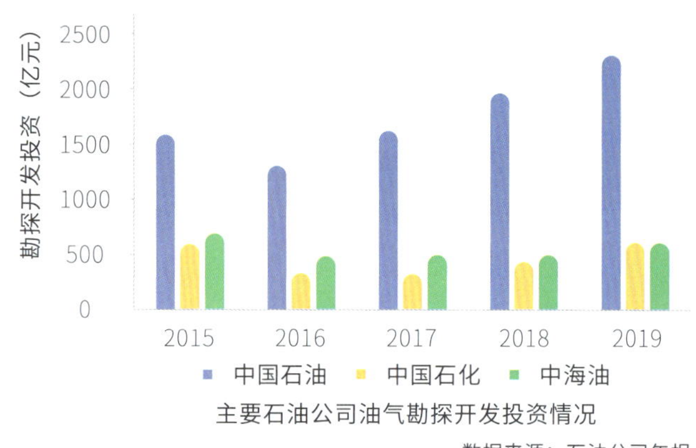

主要石油公司油气勘探开发投资情况

数据来源：石油公司年报

油气勘探新发现增加，增储态势良好，2019 年，石油和天然气新增探明储量分别达到 12 亿吨和 1.4 万亿立方米，比上年分别增长 25.0% 和 68.0%。

2019 年，长庆油田探明了我国迄今为止最大的页岩油田——10 亿吨级庆城大油田。目前已建成百万吨级生产能力，在未来 3 至 4 年内将建成 300 万吨的生产能力，相当于建成一个中型油田。2019 年发现和形成了四川页岩气万亿立方米大气区和塔里木博孜—大北 2 个万亿立方米大气区，为天然气产量持续增长奠定了基础。

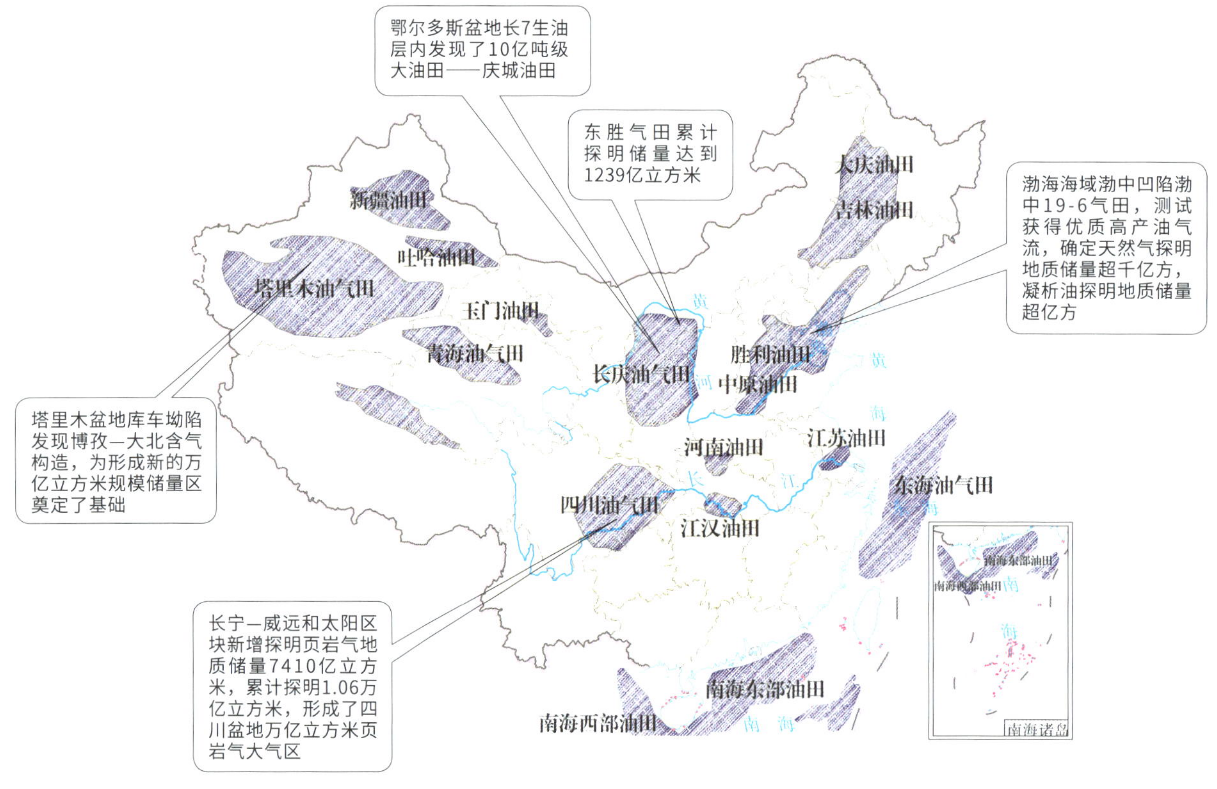

2019年油气勘探新发现

国内原油生产扭转下滑趋势

原油生产增速由负转正，规模以上工业原油产量 1.91 亿吨，增长 0.9%，增速由负转正，上年下降 1.3%，扭转了 2016 年以来产量连续下滑的态势。

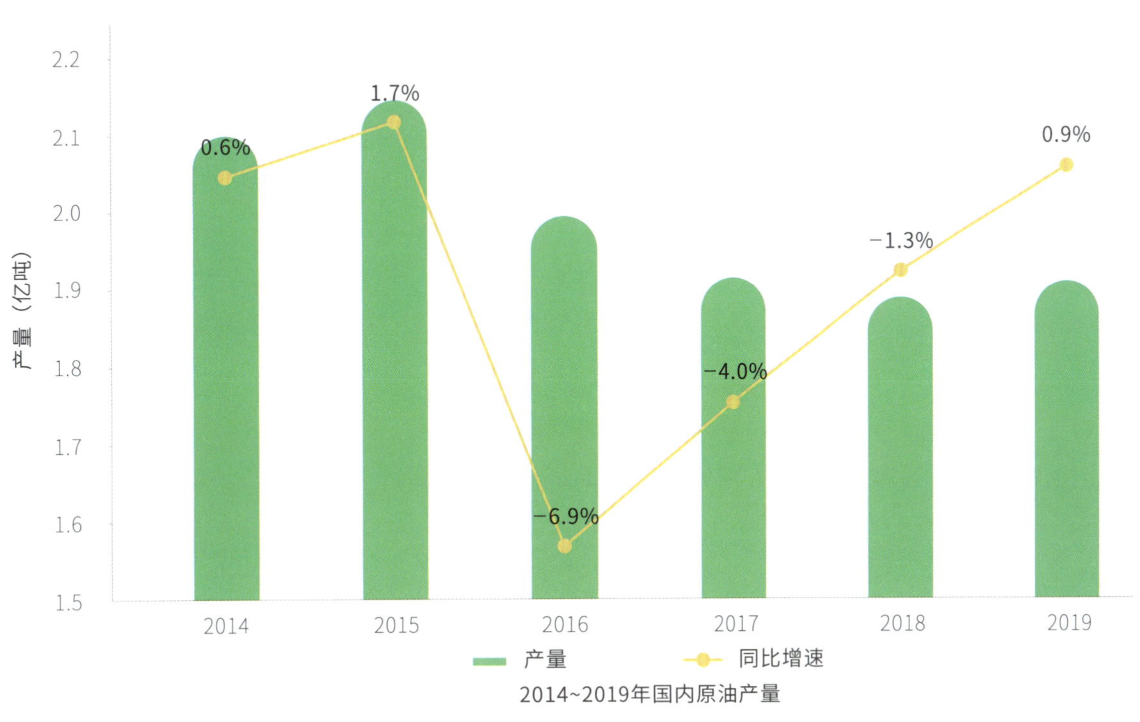

2014~2019年国内原油产量

大庆油田

原油产量：**3090** 万吨，比2018年下降 **114** 万吨 ↓ **3.6%**

长庆油田

原油产量：**2416** 万吨，与2018年增 **39** 万吨 ↑ **1.6%**

胜利油田

原油产量：**2341** 万吨，与2018年基本持平

新疆油田

原油产量：**1247** 万吨，比2018年增长 **100** 万吨 ↑ **8.7%**

延长油田

原油产量：**1120** 万吨，与2018年基本持平

致密油在我国已进入储量序列，并在鄂尔多斯、松辽、准噶尔等盆地初步实现工业生产，已建产能超过 300 万吨，年产量约 130 万吨左右。

3 天然气生产

全球天然气产量增速放缓

2019 年，全球天然气产量为 4.0 万亿立方米，较上年增长 3.4%，低于 2018 年 5.2% 的增速。北美受美国需求增速下滑影响，产量增速由上年的 9.4% 下滑至 7.4%；欧亚大陆产量比上年增长 2.8%。

美国、俄罗斯和伊朗天然气产量全球排名前三位，分别为 9209 亿立方米、6790 亿立方米和 2442 亿立方米，合计占全球比重超过 46%。2019 年，世界天然气产量增量前三的国家为美国、澳大利亚和中国，增量分别为 850 亿立方米、234 亿立方米和 159 亿立方米，占全球产量增量的 95%。

世界主要国家天然气生产情况

单位：亿立方米

		2018年	2019年	同比
1	美国	8359	9209	10.2%
2	俄罗斯	6691	6790	1.5%
3	伊朗	2383	2442	2.4%
4	加拿大	1790	1731	−3.3%
5	卡塔尔	1765	1781	0.9%
6	中国	1603	1762	10.0%
7	澳大利亚	1301	1535	18.0%
8	挪威	1213	1144	−5.7%
9	沙特阿拉伯	1121	1136	1.4%
10	阿尔及利亚	938	862	−8.1%
	全球	38679	39893	3.4%

数据来源：BP

全球 LNG 液化能力持续增长，供应能力持续过剩

2019 年，全球 LNG 液化产能增至 4.32 亿吨 / 年，同比增长 9.5%，高于上年 8.9% 的增速。全球有 10 个项目、11 条生产线投产，新增产能 3881 万吨 / 年，主要集中在美国、俄罗斯和澳大利亚，其中美国占全球新增产能比例超过 60%。估计全球供应过剩约 7000 万吨，与 2018 年持平。

国内天然气产量较快增长

2019 年，我国天然气产量继续保持较快增长，全年产量 1762 亿立方米，同比增长 10%。

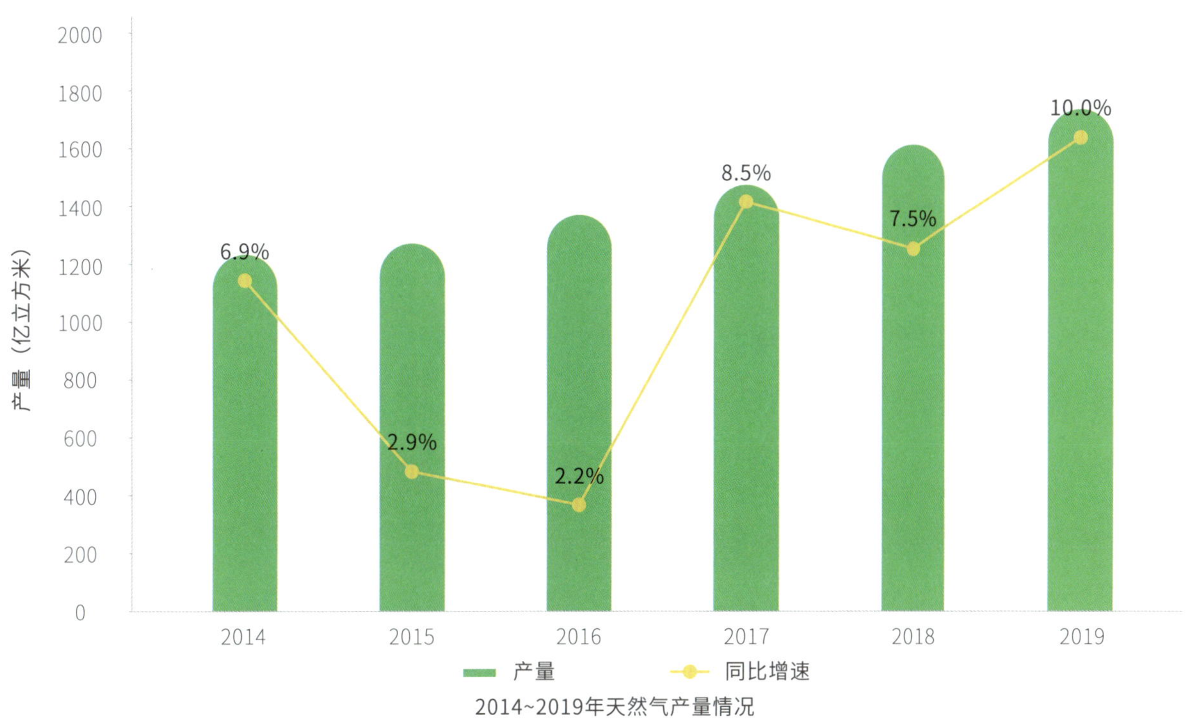

2014~2019年天然气产量情况

2019 年，全国非常规天然气产量为 652 亿立方米，约占全国天然气总产量的 37%，其中致密气产量约 400 亿立方米，页岩气产量约 150 亿立方米，煤层气产量 65 亿立方米，煤制气产量 37 亿立方米。常规气产量增长 7.8%，产量约为 1110 亿立方米，比 2018 年增长 80 亿立方米。

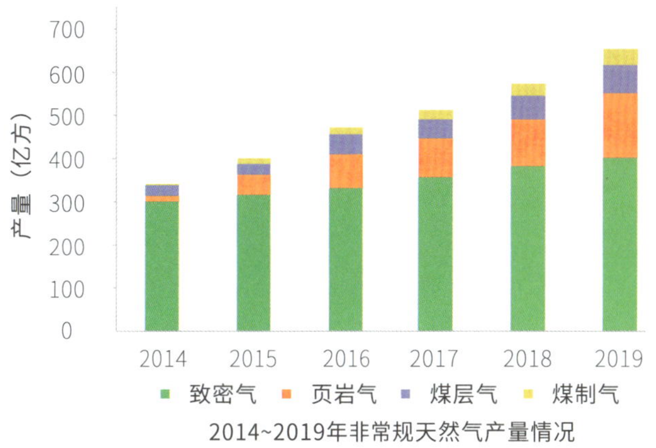

2014~2019年非常规天然气产量情况

长庆油气田、塔里木油气田和中石油西南油气田仍然是我国天然气产量最大的三个油气田，2019 年这三个油气田的天然气产量分别达到 412.5 亿立方米、285.3 亿立方米和 268.5 亿立方米，合计产量 966 亿立方米，占全国总产量的 55%。

4 核电

核电装机增速有所放缓

2019 年，全国核电新增装机容量 409 万千瓦，分别为海阳 2 号机组、台山 2 号机组和阳江 6 号机组。装机增速比上年有所放缓。

截至 2019 年底，我国在运核电机组 47 台，总装机容量为 4874 万千瓦，占我国电源总装机容量的 2.4%，占我国非化石电源装机容量的 5.8%。我国核电集中在沿海的辽宁、山东、江苏、浙江、福建、广东、广西和海南八省（区）。其中，广东、福建、浙江三省核电装机占我国核电总装机的 69.6%。

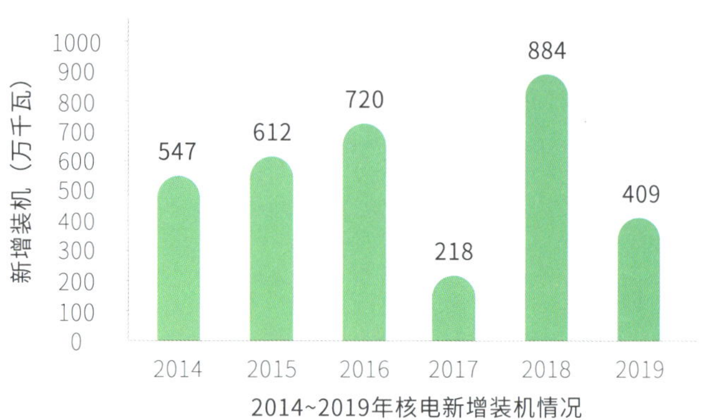

2014~2019年核电新增装机情况

核电发电量快速增长

2019 年，全国核电发电量 3487 亿千瓦时，同比增长 18.2%。核电发电量占我国一次能源生产总量的 2.7%，占总发电量的 4.8%，占非化石电源发电量的 15.3%。

2014~2019年核电生产情况

自主知识产权核电技术进入批量化建设时代

截至 2019 年，山东荣成、福建漳州和广东太平岭核电项目核准开工。这是过去三年半以来，首次有确认新的获得开工核准的核电项目。山东荣成项目核准采用 2 台 CAP1400 机组，福建漳州一期和广东太平岭一期核准采用 4 台“华龙一号”机组，都是中国自主知识产权的三代核电技术。6 台核电机组获核准开工，不仅意味着历经三年“零核准”后国内新建核电按下“重启键”，同时也标志着中国完全自主知识产权的三代核电技术进入批量化建设新时代。

2019 年，我国核电平均利用小时为 7394 小时，同比下降 149 小时。与 2018 年相比，虽然 2019 年全年全国核电利用小时数有所下降，但从各省情况来看，除浙江外，其余七省核电利用小时数均高于或接近于全国平均水平，各省区总体核电利用情况优于上年。

2014~2019全国核电利用小时数情况

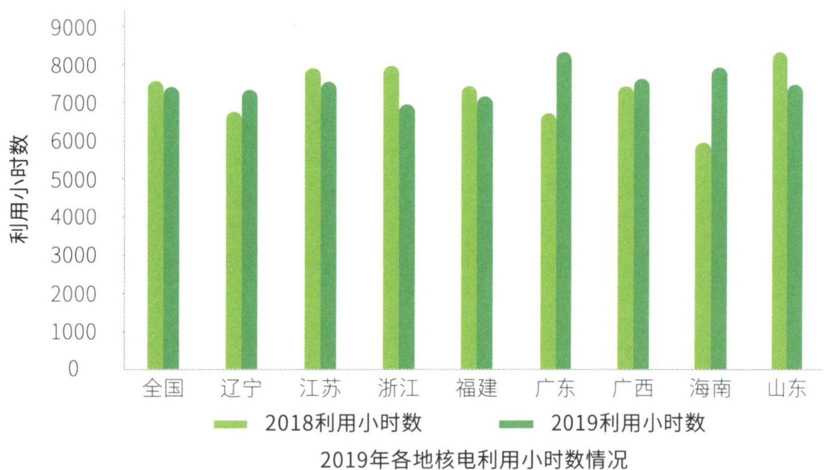

2019年各地核电利用小时数情况

截至 2019 底，我国在建核电机组共 13 台，总装机容量约 1383 万千瓦。分布在辽宁、山东、江苏、福建、广东、广西六省（区）。

我国在建核电机组一览表

省份	机组	容量（兆瓦）	堆型	主要投资方
辽宁	红沿河5~6号	2×1118.79	ACPR1000	广核
山东	石岛湾	1×211	HTR-PM	华能
山东	石岛湾	1×1534	CAP1400	国电投
江苏	田湾5~6号	2×1118	ACPR1000	中核
福建	福清5~6号	2×1150	华龙一号	中核
	霞浦示范快堆	1×600	CFR600	中核
	漳州1号	1×1150	华龙一号	中核
广东	太平岭1号	1×1202	华龙一号	广核
广西	防城港3~4号	2×1180	华龙一号	广核

数据来源：中国核能行业协会

5 水电

常规水电开发速度持续放缓

2019 年，我国常规水电站新增装机容量 352 万千瓦，总装机增至 32611 亿千瓦。四川省新核准开工建设绰斯甲水电站，装机容量 39.2 万千瓦。

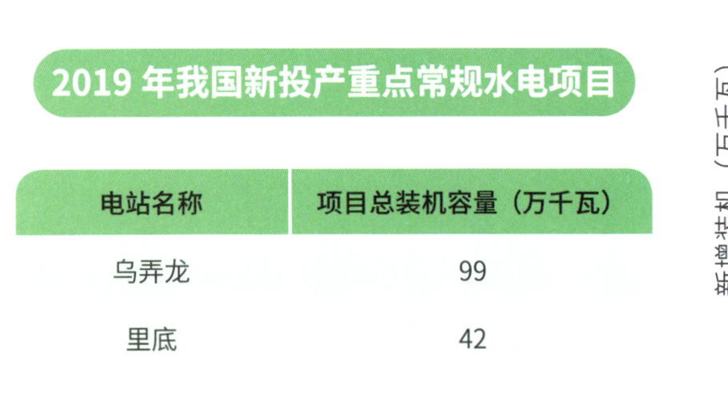

2019 年我国新投产重点常规水电项目

电站名称	项目总装机容量（万千瓦）
乌弄龙	99
里底	42

2014~2019年常规水电新增装机情况

数据来源：国家能源局

水电发电量略有提升

2019 年，我国水电发电量 13019 亿千瓦时，同比增长 5.7%。水电发电量占一次能源生产总量的 10.2%，占总发电量的 17.8%，占非化石电源发电量的 57.1%。

2019 年，全国水电设备利用小时数 3726 小时，同比增加 119 小时。根据《中国气候公报》，全国降水量比常年偏多 2.5%，其中西南地区降水量略偏少，水能利用率略有提高。

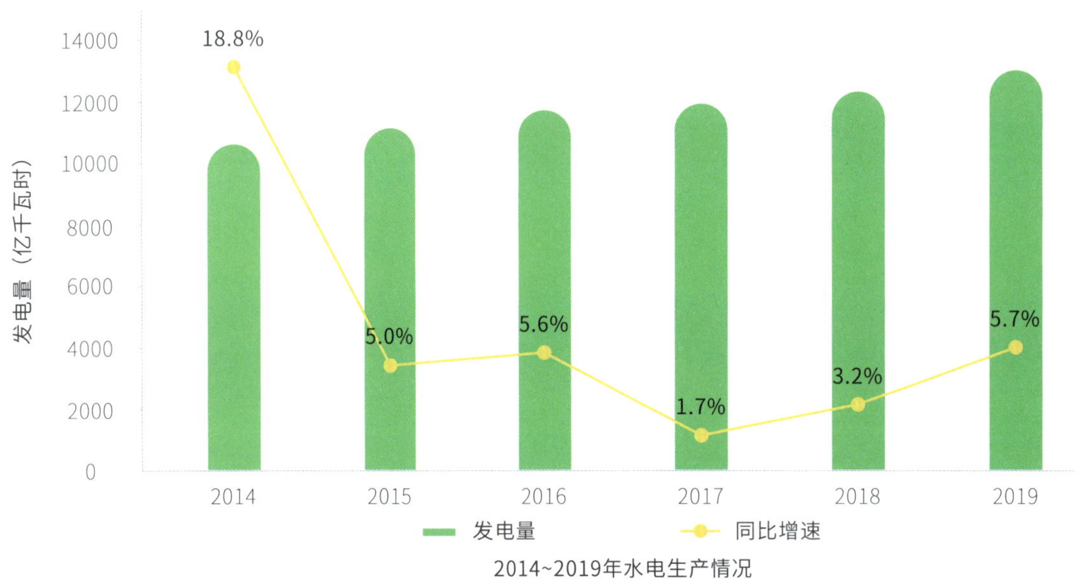

2014~2019年水电生产情况

数据来源：国家能源局

6 风电

风电发展整体平稳

2019 年，我国风电新增装机 2578 万千瓦，装机总规模增至 21005 亿千瓦，同比增长 14.0%。全年完成投资 1171 亿元，同比增长 81.3%。

2014~2019年风电新增装机情况

数据来源：国家能源局

2019 年，新疆、内蒙古、甘肃等 2018 年弃风限电严重地区，风电新增装机容量保持在合理区间。

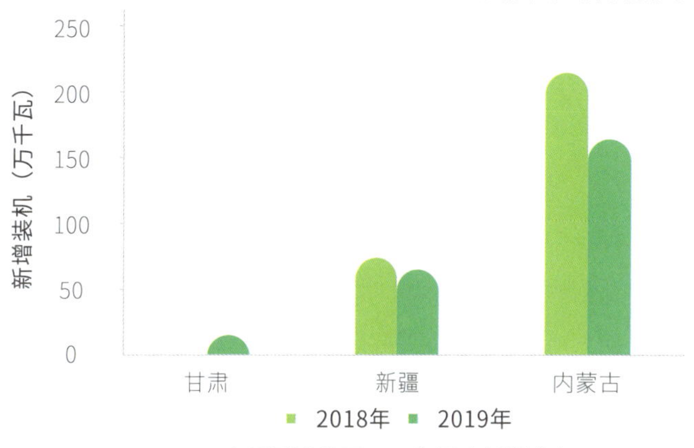

弃风严重地区2019年风电新增装机

数据来源：国家能源局

2019 年，我国西部地区风电新增装机占比同比提高 3 个百分点，东部和中部地区风电新增装机占比同比降低 4 个百分点，东北地区风电新增装机占比同比提高一个百分点。

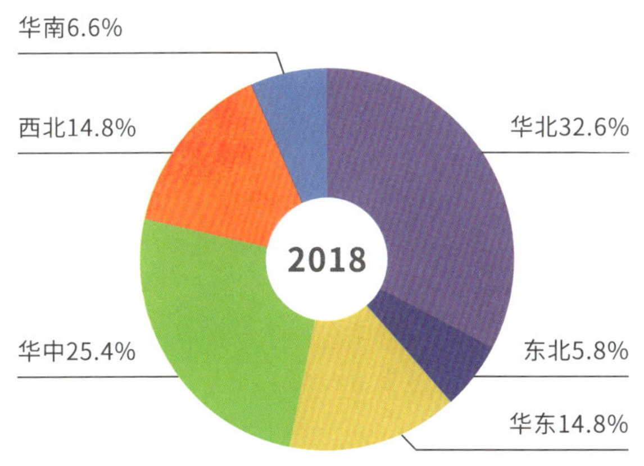

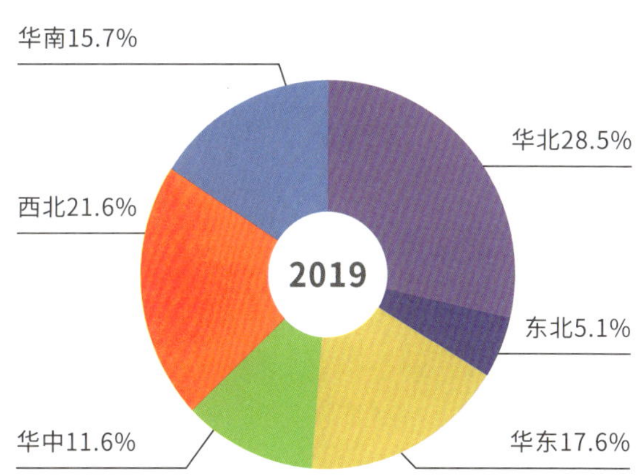

不同地区新增风电装机占比

风电发电量稳步提升

2019年，我国风电继续保持快速发展势头，全年发电量4057亿千瓦时，同比增长10.9%。风电发电量占一次能源生产总量的3.2%，占总发电量的5.5%，占非化石电源发电量的17.8%。

2019年，全国风电设备利用小时数2082小时，同比减少21小时。

2014~2019年风电生产情况

数据来源：国家能源局

弃风率持续下降

2019年，全国弃风电量169亿千瓦时，同比减少108亿千瓦时，平均弃风率4%，同比下降3个百分点，大部分弃风限电严重地区的形势均有所好转。

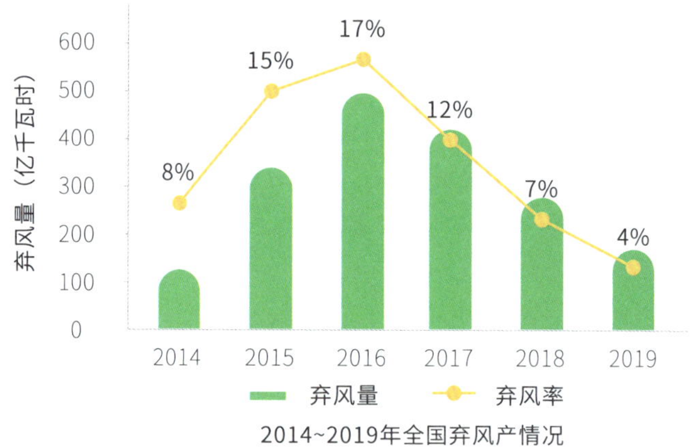

2014~2019年全国弃风产情况

数据来源：国家能源局

2019年，新疆、内蒙古、甘肃仍是弃风较严重的三个地区，弃风电量合计136亿千瓦时，占全国总弃风电量的81%。但弃风限电情况明显好转，相比2018年弃风率分别下降8.9、3.6、11.4个百分点。其他弃风地区如吉林弃风率下降超过4个百分点，黑龙江弃风率下降超过3个百分点，弃风限电状况进一步得到缓解。

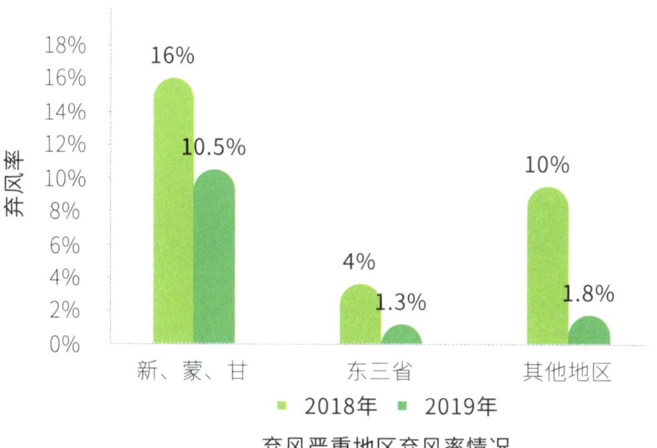

弃风严重地区弃风率情况

数据来源：国家能源局

2019 年各地弃风电量及弃风率

地区	弃风电量（亿千瓦时）	弃风率
新疆	66.1	14.0%
内蒙古	51.2	7.1%
甘肃	18.8	7.6%
河北	16.0	4.8%
宁夏	3.6	1.9%
吉林	3.0	2.5%
山西	2.6	1.1%
黑龙江	1.8	1.3%
青海	1.7	2.5%
湖南	1.4	1.8%
辽宁	0.8	0.4%
云南	0.6	0.2%
陕西	0.5	0.6%
贵州	0.3	0.4%
山东	0.3	0.1%

2019年弃风情况持续好转主要有以下几方面的因素

- 通过消纳引导优化新增项目布局，严格控制新疆、甘肃、蒙西等弃风严重地区的建设规模。
- 投运准东—皖南、陕北—关中第二通道等一批重点送出工程，新能源并网送出能力持续提升。
- 稳步推进火电灵活性改造、调峰气电建设等，电力系统调节能力持续增强。
- 明确各省区弃风率考核指标，优化电网调度运行，加强重点地区监督考核。

7 太阳能发电

太阳能发电保持较快发展势头

2019 年，我国太阳能发电新增装机 3035 万千瓦，装机总规模增至 20468 万千瓦，同比增长 17.4%。

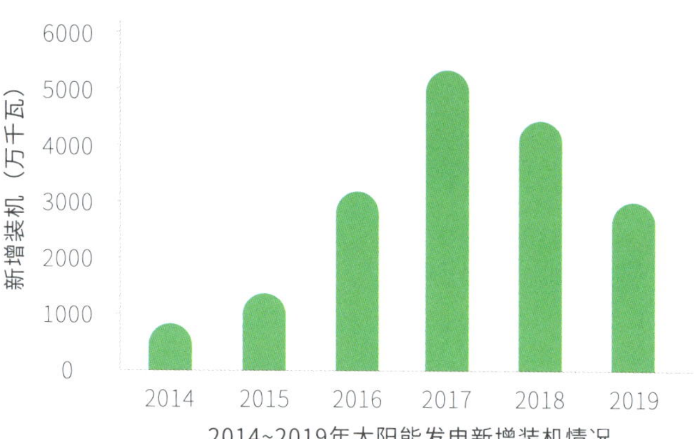

2014~2019年太阳能发电新增装机情况

数据来源：国家能源局

2019 年，新疆、甘肃等 2018 年弃光限电严重地区，新增装机容量得到有效控制；青海太阳能发电新增装机容量较大。

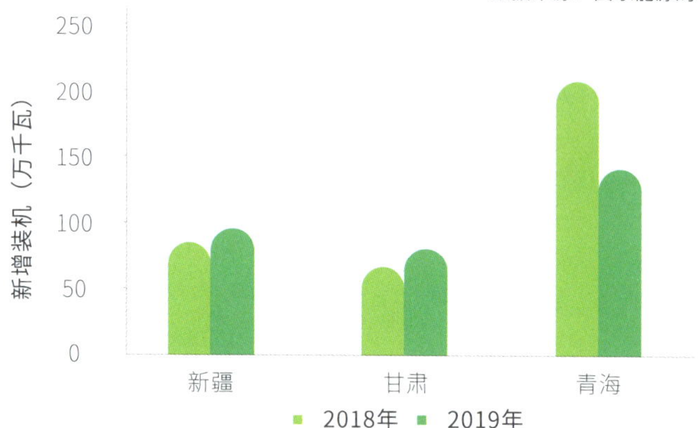

弃光严重地区2019年太阳能发电新增装机

数据来源：国家能源局

2019 年，我国太阳能发电布局持续优化，西部地区太阳能发电新增装机占比提高 12 个百分点，东部和中部地区太阳能发电新增装机占比同比降低 9 个百分点，东北地区太阳能发电新增装机占比同比降低 3 个百分点。

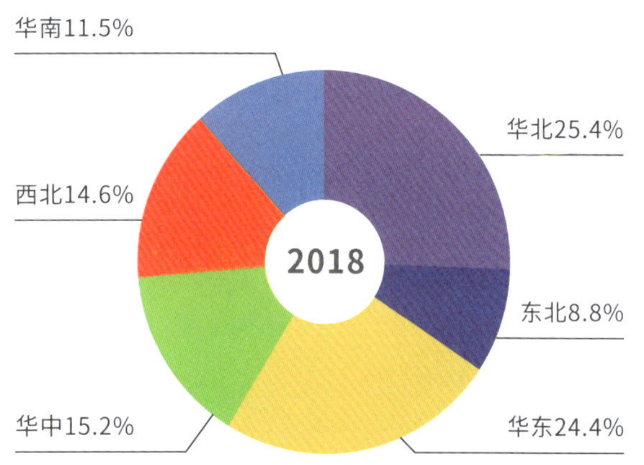

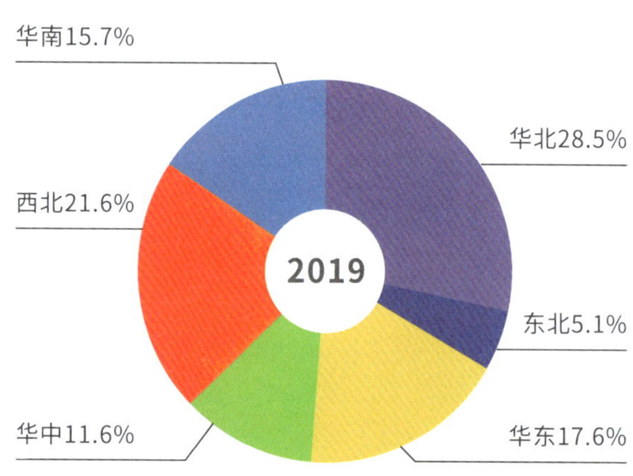

不同地区新增太阳能发电装机占比

太阳能发电量保持较快增速

2019 年，我国太阳能发电量 2238 亿千瓦时，同比增长 26.5%，继续保持高速发展。太阳能发电量占一次能源生产总量的 1.7%，占总发电量的 3.1%，占非化石电源发电量的 9.8%。

2019 年，全国风电设备利用小时数 2082 小时，同比减少 21 小时。

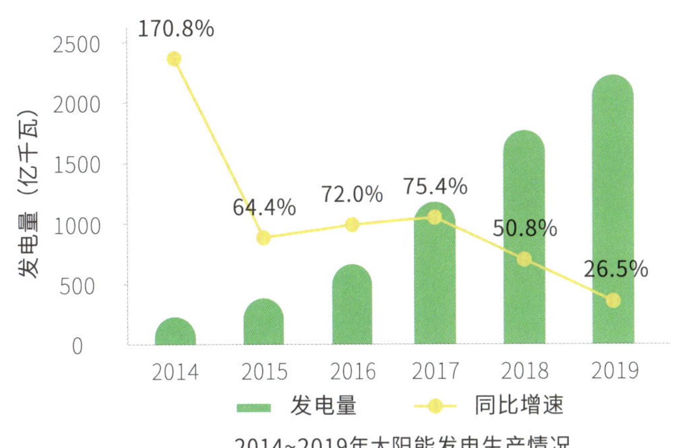

2014~2019年太阳能发电生产情况

数据来源：国家能源局

整体弃光率持续下降

2019 年，我国弃光电量 46 亿千瓦时，弃光率 2%，同比下降 1 个百分点。弃光主要集中在青海、新疆和甘肃，其中青海受装机容量大幅增加、负荷下降等因素影响，弃光电量 12.2 亿千瓦时，弃光率上升至 7.2%；新疆（不含兵团）弃光电量 10.4 亿千瓦时，弃光率 7%，同比下降 8.2 个百分点；甘肃弃光电量 5.1 亿千瓦时，弃光率 4%，同比下降 5.6 个百分点。新疆、甘肃两地弃光率连续四年下降。

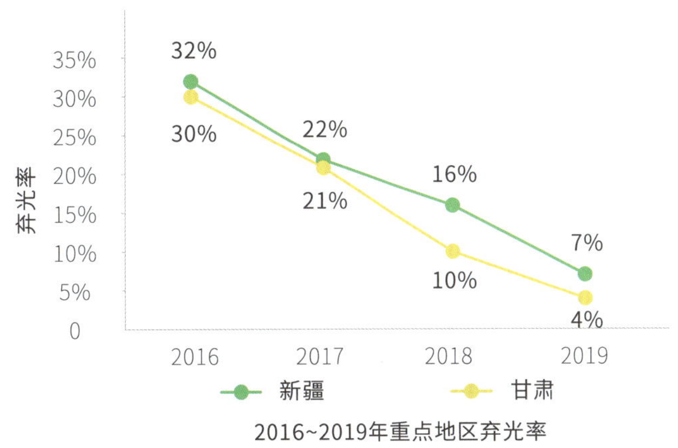

2016~2019年重点地区弃光率

数据来源：国家能源局

2019年弃光情况持续好转主要有以下几方面的因素

- 优化调整竞争性配置和补贴等行业管理政策，控制全国太阳能发电项目规模平稳有序增长。
- 电力系统调节能力持续增强、电网送出工程有序推进、市场机制促消纳作用逐步显现，在国家对各地区弃光率进行明确监测考核的情况下，全国太阳能发电消纳利用情况持续好转。

3.3 能源加工转换

1 现代煤化工

煤制油气初具规模

截至 2019 年底，我国已建成（或部分分期建成）煤制油项目 8 个，包括 1 个煤直接液化项目和 7 个煤间接液化项目，总产能约 900 万吨 / 年；建成（或部分分期建成）煤制天然气项目 4 个，总产能 51 亿立方米 / 年。2019 年，我国煤制油产量约 635 万吨，煤制气产量约 43 亿立方米，可分别降低油气对外依存度 1.1% 和 1.6%，为保障国家油气供应发挥了一定的作用。

现代煤化工规模居世界首位

截至 2019 年底，我国已建成煤制烯烃项目 14 个和甲醇制烯烃项目 16 个，合计产能约 1650 万吨 / 年，占国内烯烃总产能的 24%；煤制乙二醇项目 17 个，总产能 481 万吨 / 年，占国内乙二醇总产能的 43.6%。煤基甲醇、二甲醚和醋酸乙酯产能分别达到 7691 万吨 / 年（含焦炉煤气制甲醇）、750 万吨 / 年和 292 万吨 / 年，规模稳居全球首位。

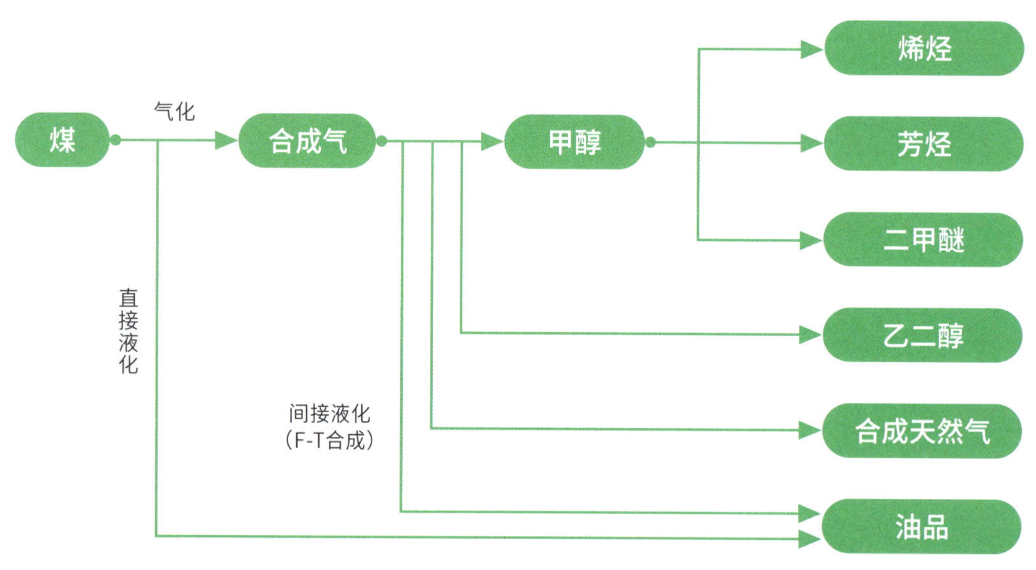

现代煤化工产业路线示意图

2 炼油

民营炼油企业进一步崛起

2019 年，恒力石化、浙江石化（一期）投产，我国民营炼化项目跃入千万吨级时代；华北石化扩建也已完成，全国炼油总能力增至 8.6 亿吨 / 年。目前在建和规划的炼化一体化项目还包括：中科炼油（1000 万吨 / 年）、镇海炼化扩建（1500 万吨 / 年）、华锦石化（1500 万吨 / 年）、盛虹炼化（1600 万吨 / 年）、旭阳石化（1500 万吨 / 年）、裕龙岛炼化（一期）（2000 万吨 / 年）、中委广东石化（2000 万吨 / 年）、浙江石化（二期）（2000 万吨 / 年）。未来几年，随着这些项目陆续建成投产，我国炼油能力还将继续增长，预计 2020 年将达到 8.8 亿吨左右，2020 年后还将新增 1.2 亿吨产能，新增产能全面释放将导致竞争更加激烈，行业将面临淘汰和整合重组。炼油行业需加大新增产能控制力度，同时还应通过减量置换等手段加大落后和低效产能退出的力度，到 2025 年，全面淘汰 200 万吨 / 年及以下炼油装置，可去产能约 0.5 亿吨 / 年，届时我国炼油能力可控制在 9.5 亿吨 / 年左右。

主要炼化产品保持增长

2019 年，全国原油加工量 6.52 亿吨，同比增长 7.6%；成品油产量 3.6 亿吨，同比增长 0.2%。其中，柴油产量 1.66 亿吨，同比下降 4.0%；汽油产量 1.41 亿吨，同比增长 1.9%；煤油产量 5272.6 万吨，同比增幅 10.6%。乙烯产量 2052 万吨，同比增长 9.4%；合成树脂 9574 万吨，同比增长 9.3%；合成纤维 5433 万吨，同比增长 13.2%。

2019 年我国主要炼化产品生产情况

	数值	增速
原油加工量（亿吨）	6.52	7.6%
成品油（亿吨）	3.6	0.2%
汽油（亿吨）	1.41	1.9%
柴油（亿吨）	1.66	−4.0%
煤油（亿吨）	0.53	10.6%
乙烯（万吨）	2052	9.4%
纯苯（万吨）	862	−2.1%
甲醇（万吨）	4936	0.4%
合成树脂（万吨）	9574	9.3%
合成纤维（万吨）	5433	13.2%

数据来源：国家统计局

3 煤电

煤电建设速度和规模进一步得到控制

2019 年，我国煤电新增装机容量 2989 万千瓦，同比下降 2.2%，煤电装机规模达到 10.4 亿千瓦，占我国电源总装机容量的 52.0%。

2014~2019年燃煤发电新增装机情况

近年来，国家陆续出台了一系列推动煤电有序发展的政策措施，加强煤电规划建设的宏观调控力度，促进煤电行业健康有序发展。为应对电力供需局部短时偏紧的形势，合理安排特高压通道配套煤电项目及电力供需偏紧地区自用煤电项目投产，为国家电力供需保障提供了有力支撑。预计到 2020 年，全国煤电装机规模可控制在 11 亿千瓦以内。

部分新投产大型煤电项目

序号	所在地	项目名称	装机规模（万千瓦）
1	内蒙古	华润锡林郭勒电厂1号机组	66
2	内蒙古	大唐国际锡林浩特1号机组	66
3	山东	华电莱州二期4号机组	100
4	河南	焦作丹河“上大压小”项目1号机组	100
5	贵州	中电普安新建工程1号机组	66
6	宁夏	国家能源集团方家庄电厂	200
7	宁夏	鸳鸯湖二期	220
8	宁夏	华能宁夏大坝电厂四期8号机组	66

截至 2019 年底，我国山东、内蒙古、江苏、河南、广东、山西、新疆、安徽八省（区）煤电装机容量超过 5000 万千瓦，占我国煤电总装机容量的 54.1%。

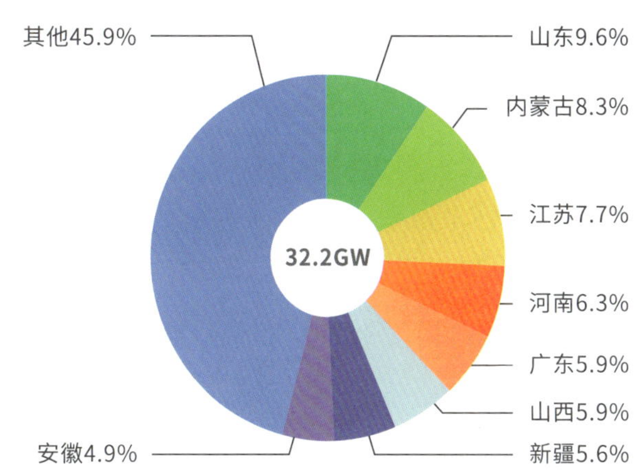

2019年我国分地区煤电装机容量占比

数据来源：《电力工业统计资料汇编》（2019统计快报）

煤电发电量小幅增长

2019 年，我国煤电发电量 4.56 万亿千瓦时，占总发电量的 62.3%。煤电发电量较上年略有增加，同比增长 1.7%。

2014~2019年煤电生产情况

2019 年，我国煤电利用小时为 4416 小时，同比下降约 79 小时。

2014~2019年煤电设备平均利用小时数情况

4 气电

气电装机增速有所下降

2019 年，我国燃气发电新增装机 629 万千瓦，同比下降 28.8%。装机总容量 9022 万千瓦，同比增长 7.7%，增速回落 2.8 个百分点。

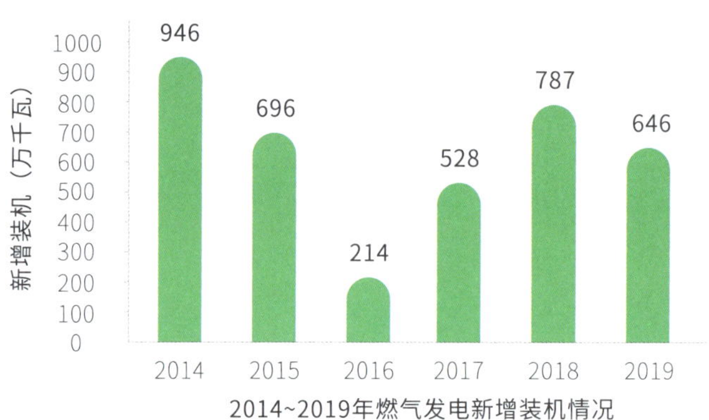

2014~2019年燃气发电新增装机情况

气电发电量持续增长

2019 年，全国气电发电量约 2362 亿千瓦时，同比增长 9.6%，占我国发电量比重约 3.2%。

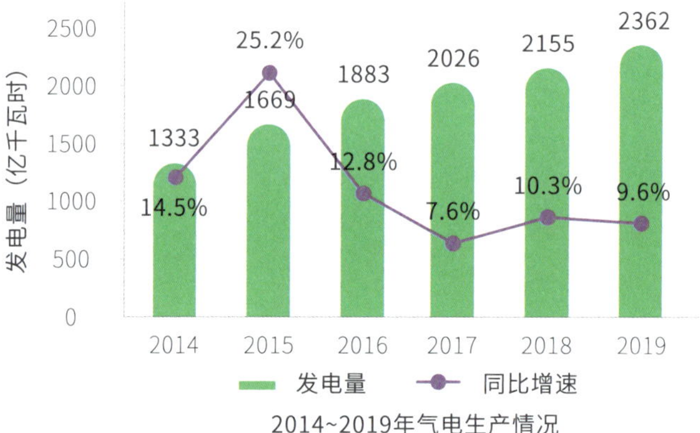

2014~2019年气电生产情况

我国天然气发电量仅占总发电量的 3.2%，远低于俄罗斯、美国等国家的比重，也低于世界平均水平，未来我国发电用气的增长空间较大。

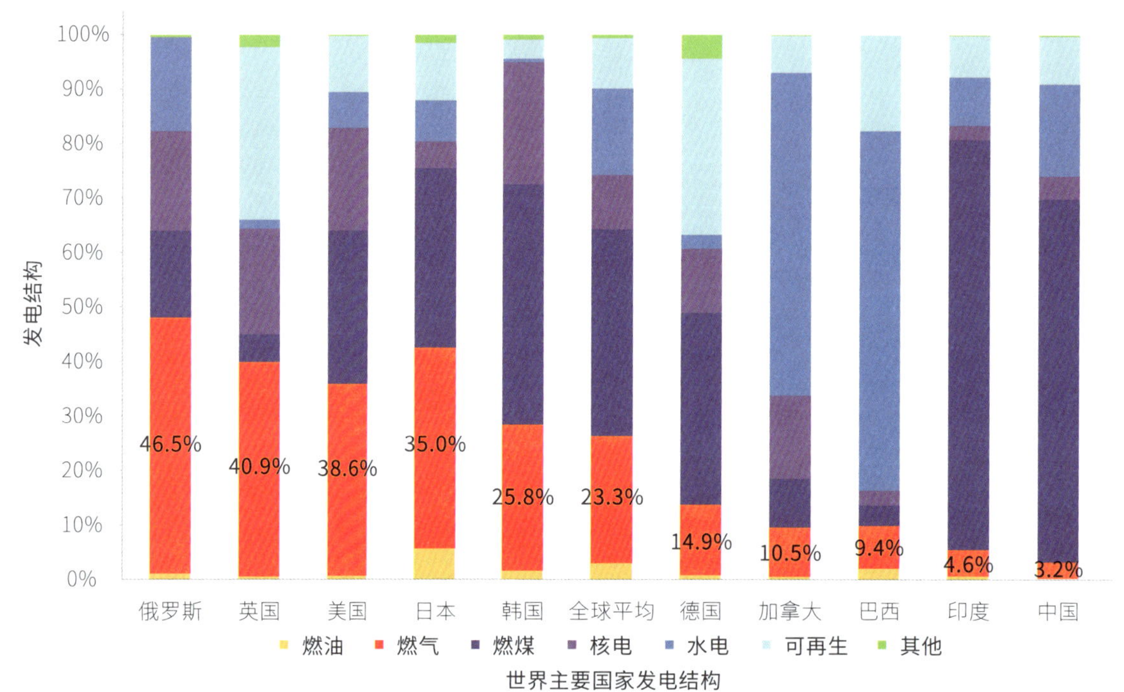

世界主要国家发电结构

5 生物质发电

生物质发电保持快速增长

2019 年，生物质发电新增装机 473 万千瓦，全国总装机容量达到 2254 万千瓦，同比增长 26.6%。装机容量排名前五位的省份是山东、广东、浙江、江苏和安徽，分别为 324 万千瓦、239 万千瓦、203 万千瓦、199 万千瓦和 195 万千瓦；新增装机排名前五的省份是广东、山东、江苏、安徽和浙江，分别为 95.4 万千瓦、66.5 万千瓦、35 万千瓦、28.9 万千瓦和 22.9 万千瓦。

2019 年，我国生物质发电量 1111 亿千瓦时，同比增长 20.4%。生物质年发电量排名前五位的省份是山东、广东、江苏、浙江和安徽，分别为 140.8 亿千瓦时、120.2 亿千瓦时、110.4 亿千瓦时、106.7 亿千瓦时和 97.7 亿千瓦时。

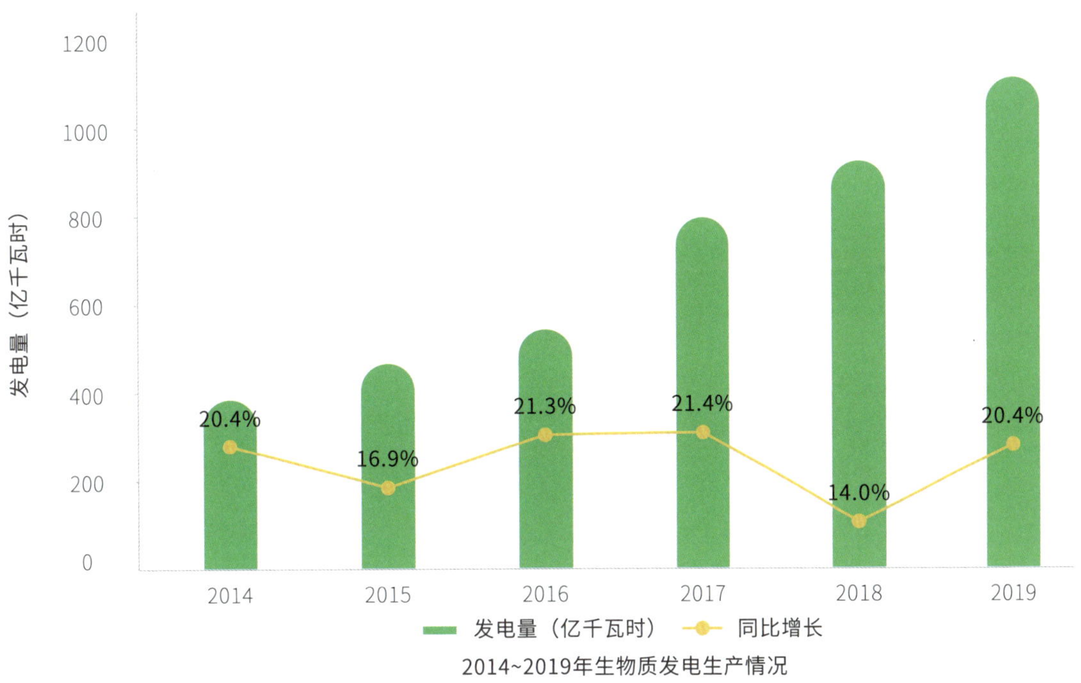

2014~2019年生物质发电生产情况

数据来源：国家能源局

3.4 能源基础设施

1 煤炭储运

煤炭运输网络不断完善

随着国家“西煤东运、北煤南调、铁水联运、铁路直达”运输网络不断完善，制约煤炭运输的瓶颈正在被打破。大秦线、蒙冀线、朔黄线、瓦日线、浩吉铁路等一批煤炭铁路运输专线能力不断增加，特别是浩吉铁路、瓦日线对华南、华东区域市场动力和炼焦煤消费，产生较大影响。

我国主要煤炭运输铁路情况

线路分布	疏运布局	线路名称	运能(亿吨/年)	起点	终点	线路全长(公里)
北通道	以动力煤外运为主，主要运输晋北、陕北和神东煤炭生产基地至京津冀、东北、华东地区以及至秦皇岛、京唐、天津、黄骅等港口的煤炭，是“三西”煤炭外运的主要通路	大秦铁路	4.5	山西大同	河北秦皇岛	653
		朔黄铁路	3.5	山西神池	河北黄骅港	598
		蒙冀铁路	2.0	内蒙古鄂尔多斯	河北唐山	525
		丰沙大铁路	0.7	北京丰台	山西大同	379
		集通铁路	0.24	内蒙古集宁	内蒙古通辽	945
中通道	以焦煤和无烟煤外运为主，主要运输晋东、晋中煤炭生产基地至华东、中南地区以及至青岛港和日照港的煤炭	瓦日铁路	2.0	山西吕梁	山东日照	1260
		邯长铁路	1.8	河北邯郸	山西长治	221
		胶济铁路	1.3	山东青岛	山东济南	384
		石太铁路	1.0	河北石家庄	山西太原	243
南通道	以焦煤、肥煤和无烟煤外运为主，主要运输陕北、晋中、神东、黄陇和宁东煤炭生产基地至中南、华东地区以及至日照、连云港等港口的煤炭	太焦铁路	0.9	山西太原	河南焦作	398
		侯月铁路	0.8	山西侯马	河南济源	252
		陇海铁路	0.45	甘肃兰州	江苏连云港	1759
南北通道	将北方地区煤炭运往华中、华南地区	浩吉铁路	2.0	内蒙古浩勒报吉	江西吉安	1814
		京广铁路	0.6	北京	广州	2284
		焦柳铁路	0.4	河南焦作	广西柳州	1639
		京九铁路	0.3	北京	香港	2553

2019年9月28日，世界上一次性建成并开通运营里程最长的重载铁路——浩吉铁路（浩勒报吉至江西吉安铁路）正式开通运营，从此，我国铁路版图新增一条纵贯南北的能源运输大通道。

浩吉铁路全长1813.5公里，途经内蒙古、陕西、山西、河南、湖北、湖南、江西7省区，一跨长江、两越黄河，由北向南先后穿越毛乌素沙漠、黄土高原、秦岭山脉、江汉平原等地域。自2015年6月开工建设。作为一条以煤运为主的重载货运线，浩吉铁路开通初期开办车站77座，设计时速120公里，规划年运输能力2亿吨以上，并同步建成集疏运项目21个。开通运营后，可以衔接沿线各地的多条煤炭集疏运线路，并实现铁水联运功能。

煤炭转运量和库存保持平稳

2019年，全国铁路煤炭发运量完成24.6亿吨，同比增加7568万吨，增长3.2%；其中，大秦线完成货物运量4.31亿吨，朔黄线完成约3.15亿吨。2019年，北方沿海港口发运煤炭7.69亿吨，同比减少1423万吨；其中，环渤海港口合计发运煤炭7.18亿吨，同比减少1207万吨。我国环渤海港口发运煤炭占北方港口煤炭发运量的93.4%，继续占据主力地位。

截至2019年12月末，重点煤炭企业存煤5385万吨，比年初减少116万吨，下降2.1%；全国统调电厂存煤1.35亿吨，同比下降239万吨，可用20天。全国主要港口合计存煤5511万吨，较年初增加122万吨，增长2.2%。

2 油气储运

油气管网建设持续推进

国内成品油管道布局进一步完善。2019 年，累计建成成品油管道 442 千米，石油管道总里程达到 5.24 万千米。当年，合肥—六安、湛北—北海、荆州—襄阳成品油管道建成，实现安徽皖西和湖北鄂北地区成品油首次管输供应，破解中部地区管输油品资源不足、沿海资源难以调入的瓶颈，为华东、华南、西南、华中三个区域提供了更加稳定的能源保障。

2019 年，中俄东线天然气管道北段全线贯通；闽粤支干线广州—潮州段工程建成，有效填补了粤东地区天然气管道的空白；南川水江 - 涪陵白涛天然气管道（南涪管道）投产。截至 2019 年底，我国天然气长输管道总里程近 7.7 万千米。其他长输管道顺利推进，青宁（青岛—南京）管道工程正式开工建设；新疆煤制气管道潜江—韶关段工程完成部分管道焊接；蒙西煤制气外输管道项目一期后续工程开工，有利于天津进口 LNG 和渤海海气输送至京津冀地区。

2019 年，天然气管网互联互通工程继续顺利推进。鄂安沧管道与天津 LNG 和文 23 储气库实现互联互通；启通天然气管线项目投运；川气东送新塍—嘉兴输气站输气管道工程顺利竣工，实现江苏、浙江两省天然气管网互联互通。

中俄东线天然气管道北段投产

2019 年 12 月 2 日，中俄东线北段天然气管道投产通气。中俄东线北段包括“一干三支”，即黑河—长岭干线和长岭—长春支线、明水—哈尔滨支线及大庆—哈尔滨支线，在黑龙江省的五大连池、明水、大庆、肇源和吉林省的长岭设有 5 座分输站，北段投产通气后，将首先改变东北地区缺少足量气源供应的现状，带动东北地区工业、交通等相关产业发展。

该管道全部建成后，俄罗斯境内约 3000 公里，中国境内途经 9 个省（区、市）长 5111 公里。年供气量 380 亿立方米，未来 30 年里俄方将向中方供气超 1 万亿立方米。

LNG 接收站建设放缓

截至 2019 年底，中国 LNG 接收站总接卸能力达 7600 万吨 / 年。中海油防城港 LNG 接收站投运，接收能力 60 万吨 / 年；深圳燃气大鹏 LNG 储运调峰站投运，周转量约 80 万吨 / 年；部分接收站完成阶段性扩建。国内供气企业积极推进 LNG 接收站建设。截至 2019 年底，中国在建 LNG 接收站 12 座，一期接收能力共 3490 万吨 / 年；天津南港、江苏启东、河北曹妃甸、浙江舟山等 8 座 LNG 接收站开工扩建，投产后接收能力将增加 3280 万吨 / 年。

LNG 接收站运营主体多元化格局形成。随着深圳 LNG 调峰站投运，深圳燃气成为新接收站运营商。截至 2019 年底，三大石油公司 LNG 接收能力占比 90%，其中，中海油 LNG 接收能力 3690 万吨 / 年，占全国总能力的 49%；新奥能源、九丰集团、申能集团、广汇能源、深圳燃气等接收能力占比 10%，较上年上升 2.8 个百分点。

我国LNG接收站分布示意图

地下储气库建设加快

随着中石化文 23 地下储气库、港华金坛储气库陆续投产，截至 2019 年底，我国建成 27 座地下储气库，有效工作气量约 200 亿立方米，约占天然气消费量的 6.5%。

随着我国天然气产供储销体系建设力度的加大，政府出台专项财政补贴、税收减免等扶持政策，储气调峰服务市场化定价也将得到完善，预计储气库建设将继续加快。

我国主要储气库

储气库名称	位置	储气库类型	有效工作气量（亿立方米）
呼图壁储气库	新疆昌吉	枯竭油气藏	45.0
文23储气库	河南濮阳	枯竭油气藏	32.7
大港储气库群	天津市大港油田	枯竭油气藏	30.6
苏桥储气库群	河北省华北油田	枯竭油气藏	23.3
相国寺储气库	重庆市北碚区	枯竭油气藏	23.0
双6储气库	辽宁省辽河油田	枯竭油气藏	16.0
京58储气库群	河北涿州	枯竭油气藏	7.5
板南储气库	河北保定	枯竭油气藏	5.0
金坛储气库	江苏金坛	盐穴	4.6
文96储气库	河南濮阳	枯竭油气藏	3.0
港华金坛储气库	江苏金坛	盐穴	2.6
刘庄储气库	江苏淮安	枯竭油气储	2.5

2019 年我国中东部最大储气库——文 23 储气库投产，其设计最大库容为 104.21 亿立方米，全部建成后工作气量达 40.93 亿立方米，最大日注气能力 2340 万立方米，最大日采气能力 3690 万立方米。2017 年 5 月 19 日，文 23 储气库一期工程正式开工。2019 年 8 月 1 日，文 23 储气库一期工程提前完成全部建设施工任务，进入全面注气阶段。截至 11 月 11 日，文 23 储气库累计注气量 30.4 亿立方米，投产首年注气量突破 30 亿立方米，这在我国储气库发展历史中尚属首次。

3 电网和储能

输电网规模增速有所放缓

截至 2019 年底，全国 220 千伏及以上输电线路长度 75.5 万公里，同比增长 4.1%，较 2018 年下降约 2.9 个百分点，其中，交流线路 71.3 万公里，直流线路 4.2 万公里。220 千伏及以上变电设备容量 42.6 亿千伏安，同比增长 5.7%，其中，交流变电设备容量 39.0 亿千伏安，直流换流容量 3.6 亿千瓦。

2019 年，投产 1000 千伏特高压交流输电通道 3 条，交流互联工程 1 项，直流背靠背工程 1 项。

2019 年投产重点输电通道情况

类型	通道名称	电压等级（千伏）	输电容量（万千瓦）	输电距离（千米）	投产时间
直流	渝鄂背靠背柔性直流输电工程	±420	500	—	2019年6月
交流	南方主网与海南电网第二回联网工程	500	60	175.5	2019年5月
	雄安（北京西）至石家庄特高压交流输变电工程	1000	350	225	2019年6月
	淮南－南京－上海交流特高压输变电工程苏通GIL综合管廊工程	1000	—	—	2019年9月
	潍坊至临沂至枣庄至菏泽至石家庄特高压交流输变电工程	1000	—	820	2019年12月

数据来源：相关工程可行性研究报告、电网公司

配电网建设持续推进

截至 2019 年底，全国配电网变（配）电容量约为 39.4 亿千伏安，比去年同期增长约 3.5%，其中高压配电网变电容量约 21.4 亿千伏安，比去年同期增长约 6.3%，中压配电网配变容量约 18.0 亿千伏安，比去年同期增长约 0.6%。

截至 2019 年底，全国配电网线路长度约 582 万公里，比去年同期增长约 6.6%，其中高压配电网线路长度约 103 万公里，比去年同期增长约 5.8%，中压配电网线路长度约 479 万公里，比去年同期增长约 6.8%。

2019 年全国主要电网公司配电网建设投资约 2912 亿元，比去年同期降低约 9.4%。

抽水蓄能仍是储能的主体

截至2019年底，全球已投运储能项目累计装机规模为183.1GW，同比增长1.2%。其中抽水蓄能占比在持续下降，为93.4%。2019年电化学储能新增1.59GW、累计装机达到8.22GW，与2018年相比高增长有所回落，但是仍然维持了前几年全球储能平衡发展的态势。

截至2019年底，我国已投运储能项目累计装机规模为32.2GW，占全球18%，同比增长3.2%。其中最大份额是抽水蓄能、为93.7%，占比持续下降；电化学储能占比4.9%，比去年同期增长了1.5个百分点；熔融盐储热占1.3%；压缩空气储能占比小于0.1%。

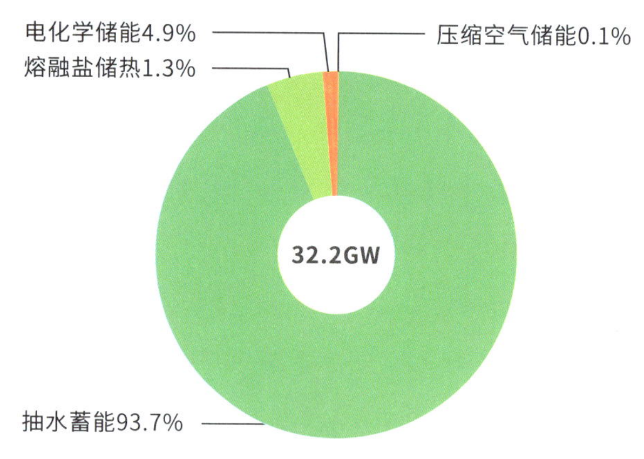

我国储能市场规模

数据来源：中关村储能产业技术联盟

电化学储能装机增速有所回落

截至2019年底，我国电化学储能累计装机规模为1592.3MW，同比增长48.4%。从各区域市场来看，江苏省连续三年累计装机规模第一，其次是广东、湖南。从应用分布来看，仍然是用户侧储能装机占比最大，占比为51%，其次是辅助服务24%和电网侧22%。预计，到2020年底，我国投运电化学储能项目的累计装机规模将达2833.7MW。

2014~2019年我国电化学储能装机规模

数据来源：中关村储能产业技术联盟

抽水蓄能电站建设稳步推进

2019 年，我国开工建设河北尚义、山西垣曲、山东泰安二期、安徽桐城、浙江磐安 5 座抽水蓄能电站，总装机容量 688 万千瓦，总投资 425.73 亿元，计划全部于 2027 年竣工投产。

截至 2019 年底，我国已建成抽水蓄能电站装机容量 3029 万千瓦，在建装机容量 5079 万千瓦。

2019 年新开工重点抽水蓄能电站

电站名称	装机容量（万千瓦）
河北尚义	140
山西垣曲	120
山东泰安二期	180
安徽桐城	128
浙江磐安	120

截至 2019 年底我国在建抽水蓄能电站

区域电网	地区	电站名称
华北	河北	丰宁一期、丰宁二期、易县、抚宁、尚义
	山东	文登、沂蒙、潍坊、泰安二期
	山西	垣曲
东北	黑龙江	荒沟
	吉林	敦化、蛟河
	辽宁	清原
	蒙东	芝瑞
华东	浙江	长龙山、宁海、缙云、衢江、磐安
	江苏	句容
	安徽	佛子岭、绩溪、金寨、桐城
	福建	厦门、永泰、周宁
西北	陕西	镇安
	新疆	阜康、哈密
华中	重庆	蟠龙
	河南	天池、洛宁、五岳
	湖南	平江
南方	广东	梅州一期、阳江一期

3.5 能源贸易和能源安全

1 能源贸易

一 能源进口较快增长

本世纪以来，我国能源消费快速增长，国内供应无法完全满足需求，进口量和对外依存度不断提高。2019 年，我国能源净进口量达到约 10.1 亿吨标准煤，整体对外依存度 21%，是世界第一大能源进口国；能源进口总金额约 2934 亿美元，占进口总额的 14.1%。原油、天然气、煤炭进口量均为全球最大。其中，原油进口量达到 5.1 亿吨，占全球原油贸易总量的 22%，对外依存度 72%，进口量和对外依存度都超过美国历史上的最高水平；天然气净进口量 1330 亿立方米，对外依存度 44%，占全球天然气贸易总量的 14%；即使是资源相对丰富的煤炭，进口量 3.0 亿吨，对外依存度 8%，占全球煤炭贸易总量的 17%。

油气无论进口总量还是对外依存度都较高，对国家能源安全影响较大。由于资源条件限制，通过增大上游勘探开发投入力度虽然能够在一定程度上增加国内油气供应，但国内原油产量仅能保持在 2 亿吨左右，天然气产量增长幅度也有限。受环境、减排等因素制约，煤炭供应也只能在目前供应能力的基础上逐渐减少。

为此，应高度重视需求侧管理和节能作用，采取措施在转化环节和终端消费环节大幅提升效率，同时大幅增加储备能力和替代能力。

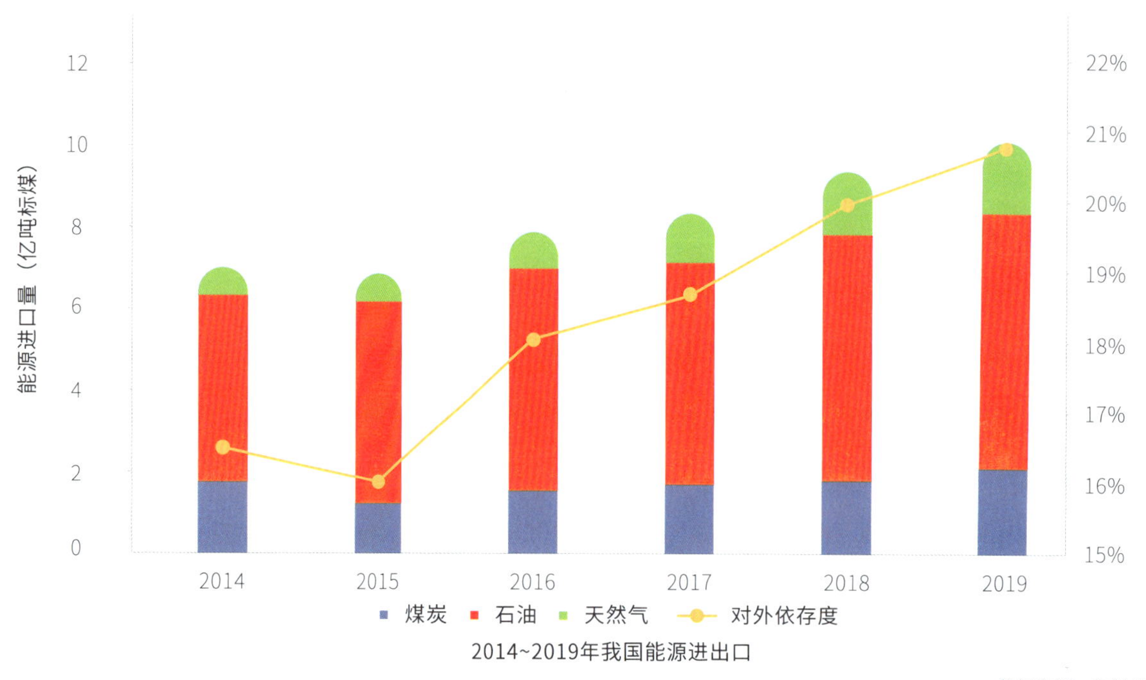

2014~2019年我国能源进出口

数据来源：海关总署

煤炭进口保持稳定

全年原煤进口 3.0 亿吨，比上年增长 6.3%，增速比上年加快 2.4 个百分点。其中硬煤进口 1.97 亿吨，同比增长 5.9%；褐煤进口 1.03 亿吨，同比增长 9.5%。我国煤炭进口约占全球贸易量的 17%。

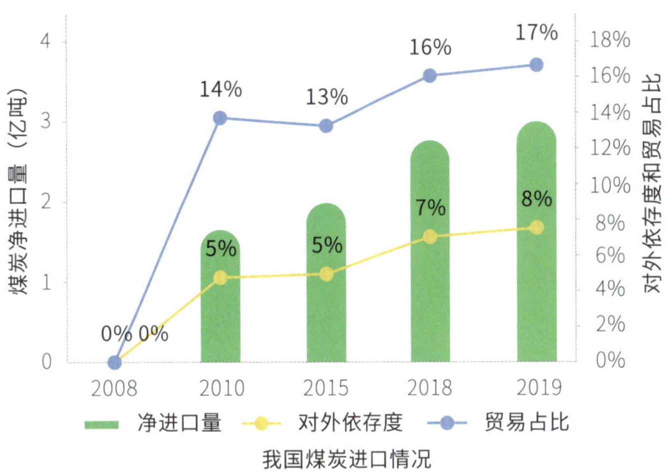

我国煤炭进口情况

数据来源：海关总署

石油进口继续较快增长

2019 年，原油进口总量突破 5 亿吨，达 5.057 亿吨，比上年增加 9.5%，原油对外依存度达到 72.6%。原油进口约占全球原油国际贸易量的 22%。

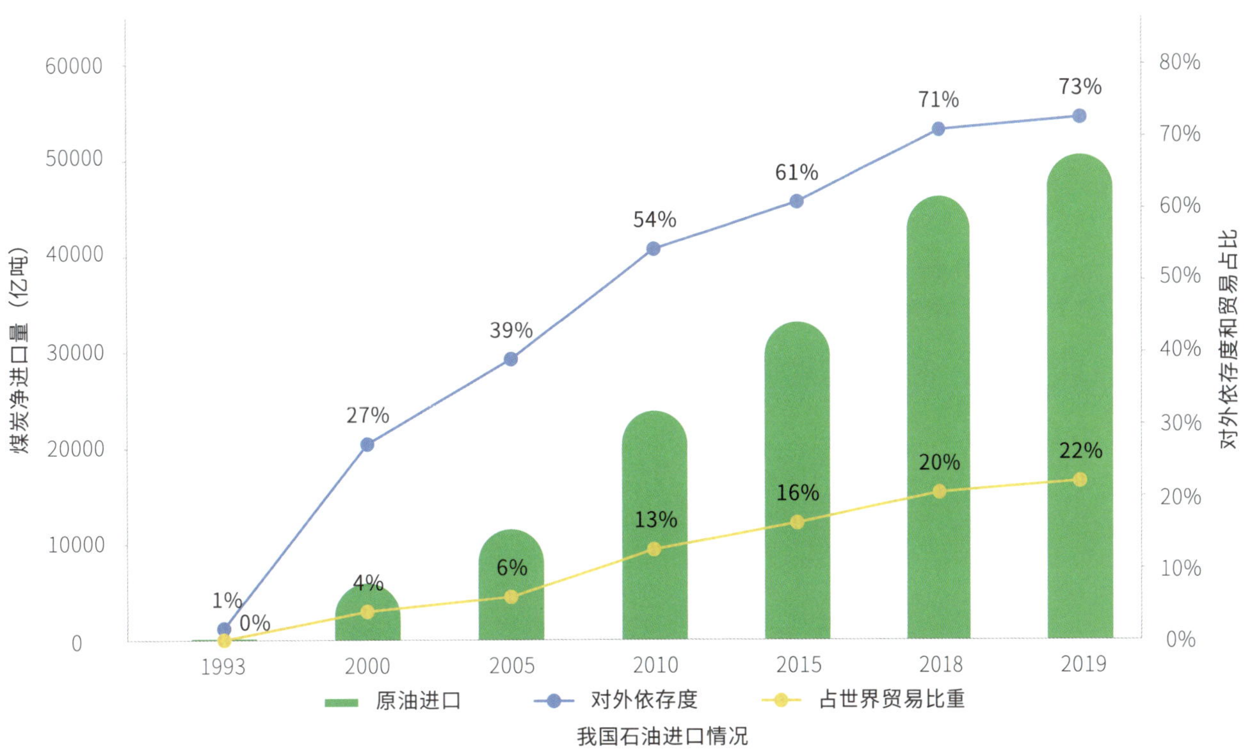

我国石油进口情况

数据来源：海关总署

2019 年我国进口沙特阿拉伯原油 8332 万吨，同比大幅增长 47%，沙特取代俄罗斯重新成为我国进口原油最多的来源地。我国自沙特进口原油大幅增长主要是由于恒力石化、浙江石化等民营炼厂陆续投产并开始进口沙特原油，此外是为了弥补自伊朗、委内瑞拉等国进口量下降的缺口。

与 2018 年相比，进口增幅超过两位数的来源地还包括：俄罗斯（进口 7764 万吨，增长 18%）、伊拉克（5180 万吨，同比增长 25%）、巴西（4017 万吨，增长 41%）。

美国对伊朗启动制裁以来，我国自伊朗进口原油锐减，由 2018 年的 2927 万吨降至 2019 年的 1477 万吨，下降 50%。委内瑞拉则因受到政局动荡影响，原油产量和出口量持续下跌。我国自委内瑞拉进口原油由 2018 年的 1663 万吨降至 2019 年的 1139 万吨，下降 32%。受贸易战影响，我国自美国进口原油由 2018 年的 1228 万吨下降至 2019 年的 661 万吨，下降 46%。

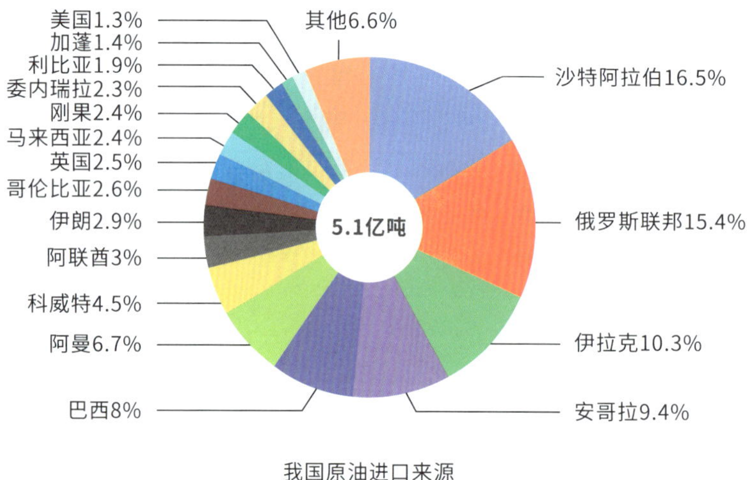

我国原油进口来源

数据来源：海关总署

天然气进口增速回落

2019 年，我国进口天然气 1330 亿立方米，同比增长 6.9%，增速回落 25 个百分点。

2019 年，我国管道气进口约 500 亿立方米，同比下降 0.8%。其中，通过中亚管道进口天然气约 455 亿立方米，中缅天然气管道进口约 45 亿立方米。

2019 年，我国 LNG 进口约 830 亿立方米（6057 万吨），同比增长 12.2%。我国从 19 个国家进口 LNG，海外供气渠道不断拓展，供应量稳定增加，多元保障格局初步形成。

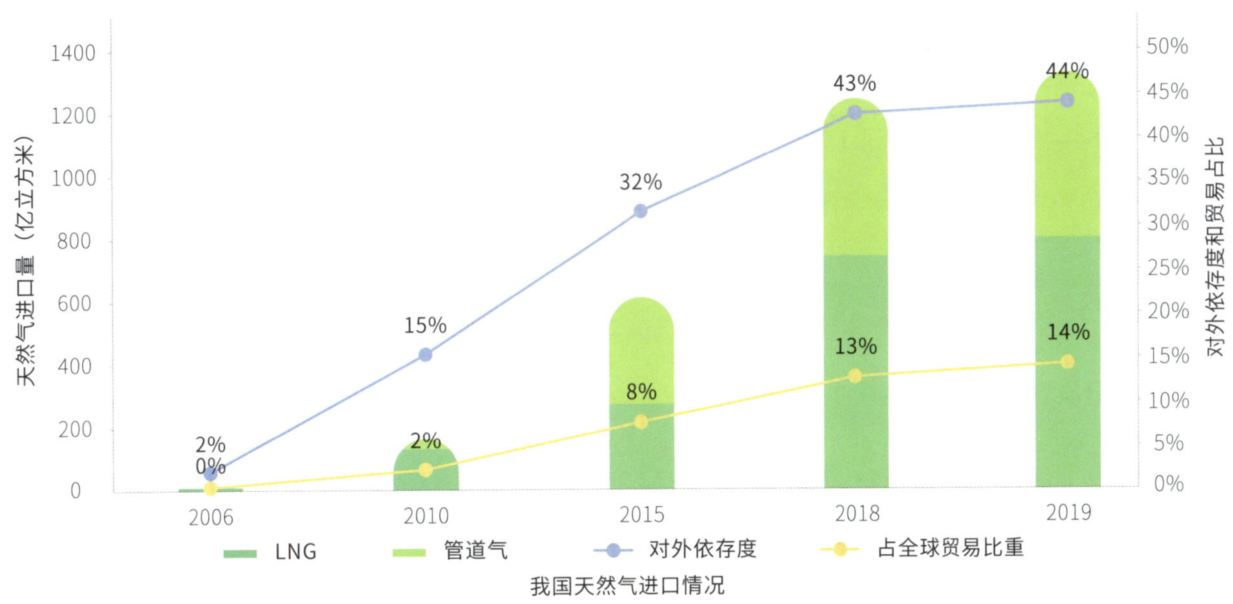

我国天然气进口情况

数据来源：海关总署

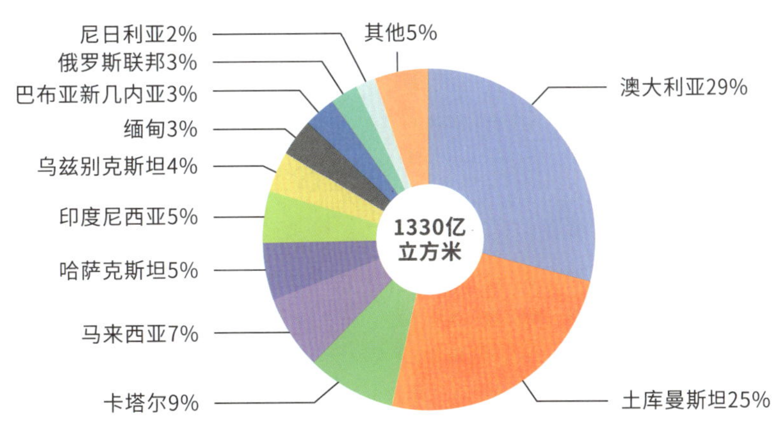

我国天然气进口来源

数据来源：海关总署

2 能源安全

传统意义上的能源安全是保障能源供给，特别是石油的供给，面临的最大的问题是供应的中断。当前能源安全涵义不断扩展，逐渐涵盖能源的各个行业、各个领域，包括电力安全、网络安全等等。随着国际局势复杂变化，新的能源安全风险日益凸显，对我国能源安全保障不断提出新挑战。

油气安全供应短板依然突出

一是国内油气上产难度增大。我国已经成为全球第二大石油和第三大天然气消费国，未来油气需求仍有较大增长空间。但我国石油稳产难度不断加大，陆上东部主力油田勘探已经进入中后期，发现规模储量难度增大；新增储量品位持续下降，大部分为低渗透 - 特低渗透储量。占原油产量主体的中高渗油田全面进入高含水期，采收率提高幅度有限。2015 年国内原油产量达到 2.14 亿吨后连续三年下滑，2016、2017、2018 年产量分别为 1.98 亿吨、1.92 亿吨和 1.89 亿吨。陆上天然气勘探开发进入常规与非常规并重新阶段，具备持续上产的资源潜力，常规天然气勘探总体处于早中期，探明率 24%，未来仍有发现大气田的可能。随着陆上主力气田即将进入稳产期，提高采收率将成为关键技术问题。非常规天然气开发仍处于初期，资源潜力较大，但也面临单井产量低、开发成本高等挑战。

二是油气对外依存度高和进口集中度大。我国已成为全球最大的油气进口国，2019 年原油净进口量达 5.1 亿吨，对外依存度近 73%；天然气进口量 1330 亿立方米，对外依存度 44%。未来我国油气需求仍有较大增长空间，对外依存度仍可能继续增长。原油进口集中度仍然偏高，海上进口原油占比超过 80%，且线路单一、运程较远；LNG 进口超过 70% 来自三个国家。在特殊事件、自然灾害、恶劣天气频发时期，油气对外依存度过高将给能源安全带来较大风险。

三是油气储备能力不足。目前，我国国家石油储备只相当于 60 天左右的石油净进口量，国际通行的最低要求是 90 天石油净进口量，美、日等发达国家远大于 90 天。企业义务储备尚未建立。储备法律、法规尚不完善，石油储备、购买、动用、轮换、资金来源和使用、管理和监管以及处罚等事项没有明确规定，影响我国战略石油储备建设和作用发挥。2019 年底全国天然气已建成调峰储气能力约占消费量的 6.5%，而国际一般为 10% ～ 15%。随着我国天然气进口量不断扩大，迫切需要天然气应急储备能力的提高。

四是油气基础设施存在安全风险。油气集输处理设施、炼厂、油库、油气管网等重要的能源基础设施，一旦遭受攻击或自然灾害破坏导致供应中断，既影响油气稳定供应，又对经济社会带来负面影响，还可能导致环境灾难。2019 年 9 月份，沙特阿拉伯石油设施遇袭，就给国际石油市场带来了较大冲击。

我国电力系统仍存在风险

电力系统作为国家能源体系重要组成部分，在维护国家能源安全方面具有重要的作用。2019 年 3 月 7 日，委内瑞拉国内包括首都加拉加斯在内的大部分地区停电超过 24 小时。此次停电是委内瑞拉自 2012 年以来时间最长、影响地区最广的停电。2019 年 8 月 9 日，英国英格兰与威尔士地区发生大规模停电事故。事故直接起因是燃气机组与海上风电机组连续跳机导致系统出现较大功率缺额，致使部分地区出现停电，约有 100 万人受到停电影响。

这些年，虽然我国电网长期保持安全稳定运行，但是发生大面积停电的风险始终存在。当前，新能源大规模高比例接入、网络安全等新的风险因素与自然灾害、外力破坏等传统风险因素交织叠加，给电网安全运行带来压力和挑战。

一是新能源接入带来的风险。未来，新能源渗透率仍将持续提升，其在出力置信水平、转动惯量等方面的劣势将对电力系统安全稳定运行造成负面影响，特别是大量分布式新能源接入配电网，系统安全稳定问题将呈现出新特征。高比例新能源出力的不确定性增大了电力系统安全运行的风险。

二是电力设施风险。火电、核电、水电等电站一旦受到破坏，次生灾害加剧事故严重性。电网系统存在大量的地面厂站和架空线，直接暴露在自然环境下，易受自然灾害影响，引发停电事故。同时，目前电网安全运行高度依赖控制保护系统，控制保护系统结构复杂，涉及厂站众多，控制对象交叠，少数关键节点被破坏可能导致整个控制保护系统失效。

三是网络风险。随着能源信息融合程度不断增强，数字化技术广泛应用于电力系统，存在网络攻击与数字系统可靠性风险。智能电表、充电桩、分布式电源、储能设施、智能家居等各类终端广泛接入我国电网，电力网络边界延伸的范围更广泛，电力系统网络暴露面增大，受到网络攻击的风险加剧。

四是设备风险。关键设备国产化水平低，制约大电网的安全稳定。我国拥有世界最高电压等级的交、直流输变电工程。主要设备基本实现国产化，但设备内部主要芯片、部分元器件等仍依赖进口。

提高能源安全的对策

应从总体国家安全观来系统思考能源安全。

一是增强油气供应保障能力。生产布局上，持续推进经营自主权改革，持续加大勘探力度。推动老油田有效稳产，优化新油气产能建设。要推动能源进口多元化，在开放格局中保障能源安全。重点做大西北通道、做强东北通道、优化运营西南通道、有序巩固海上通道。

二是扩大油气储备规模。利用低油价窗口增加国内石油储备规模。目前我国石油储备水平与世界先进水平相比仍有较大差距。在低油价期间，原油进口的采购成本降低，是增加国家石油储备和商业储备的有利时机。增加储备规模在提高国家能源安全保障程度的同时，也将刺激石油储备设施的建设，带动上下游相关产业发展，应加大石油储备基地和原油码头、管道的建设力度。

三是多能源品种协同互济保障安全。发挥煤炭的基础作用，继续优化煤炭生产开发布局，持续扩大先进产能比例，提升煤矿安全生产水平，保持煤电装机合理规模，稳妥推进煤制油气产业升级示范。提升电网对新能源的安全消纳能力。增加系统备用容量。

四是提升关键能源基础设施安全防护能力。加强关键电力设施保护，防范电力设施遭受外力破坏。做好应急预案，保障重要油气通道和城市燃气管网安全稳定运行。

五是提升能源网络安全水平。重点关注涉网机组安全管理、二次设备、二次回路、保护定值和软件信息系统等方面的隐患。

六是能源领域重要系统、关键设备和核心软件尽快实现国产化。强化产学研协同，充分调动产业链上下游优势创新力量对规划重点任务进行攻关。研究设立能源技术创新专项基金，引导鼓励创新主体围绕国家急需领域联合开展技术创新活动，以新型体制助力重大能源技术突破。

七是加强不同能源品种间的替代。长期看，以电动汽车替代燃油车，以电气化铁路替代公路运输，是解决我国能源安全的根本之策。

3.6 能源供应预测

煤炭：随着我国疫情得到控制，各地积极推进复工复产，蒙、晋、陕、新等主要产煤省区和大型煤炭企业在一季度末基本复产达产，煤炭产能释放速度远超煤炭需求增长速度。受需求下降和进口增长影响，预计 2020 年国内原煤产量同比下降 1.3% 左右，约 38 亿吨。

石油：2020 年，国内原油产量将保持恢复性增长，预计 2020 年原油产量有望达到 1.93 亿吨，同比增长 1.0%。

天然气：预计天然气产量将继续保持增长态势，产量达到 1810 亿立方米左右，增长约 2.7%。

电力：预计 2020 年新增发电装机容量超过 1 亿千瓦，供应能力总体平衡。水电装机小幅增长；风电装机容量保持高速增长；光伏发电装机容量增速有所下降，但增速依然维持在较高水平；煤电投产速度变化不大，利用小时数小幅提升。

能源进口：预计 2020 年我国能源进口总量与 2019 年持平，约 10 亿吨标准煤。其中，煤炭进口约 2.9 亿吨，增长约 3.6%；原油进口约 5 亿吨；天然气进口约 1400 亿立方米，增长 5.3%。

2020 年能源生产预测

	2019年	2020年	同比
煤炭（亿吨）	38.5	38.0	−1.3%
石油（亿吨）	1.91	1.93	1.0%
天然气（亿立方米）	1762	1810	2.7%
非化石能源（亿吨标准煤）	7.4	7.8	5.4%
其中一次电力（万亿千瓦时）	2.3	2.5	8.7%
一次能源（亿吨标准煤）	39.7	39.8	0.3%

ENERGY TECHNOLOGY

— 04

能源技术篇

2019 年，我国能源科技自主创新能力持续增强。超大采高智能化采煤机全部国产化并实现连续平稳运行。超临界二氧化碳循环发电技术、核能供热技术取得积极进展。大型电力电子器件、交流海底输电中核心关键技术取得突破。氢能产业化示范建设如火如荼。燃气轮机、光热发电、特高压多端直流示范项目建设取得积极进展。区块链、人工智能等信息技术和能源行业深度融合，能源智慧化发展趋势愈发显著。

4.1 能源技术进展

1 煤炭开采技术

国内首台大直径煤矿岩巷全断面掘进机下线

2019 年 4 月 18 日，国内首台自主研发的直径为 6.33 米煤矿岩巷全断面掘进机“新矿一号”在内蒙古北方重工集团隧道掘进装备事业部盾构机制造基地正式验收下线。该设备集掘进、出砟、支护、除尘、通风、防爆等技术于一体，是高度机械化、自动化的煤矿岩巷施工设备，实现了我国煤矿岩巷掘进机在大直径、大埋深、复杂地质条件下施工。

该掘进机解决了支护锚杆必须通过隧道截面中心线、支护速度跟不上掘进速度和施工过程中粉尘多的难题。这是我国具有自主知识产权的敞开式煤矿岩巷全断面掘进机，也是我国第一次引领世界煤矿岩巷施工重大技术变革的新装备。

世界首台 8.8 米超大采高智能化采煤机成功运行

2019 年 8 月 2 日，由西安煤矿机械有限公司和国家能源神东煤炭集团联合研制且拥有自主知识产权的 8.8 米超大采高智能化采煤机通过出厂评议，并在神东煤炭集团上湾煤矿 12402 综采工作面实现了连续平稳运行。

8.8 米超大采高智能化采煤机是继 7 米、8 米进口采煤机替代改造项目后的又一重大突破，填补了国内外 8.8 米特厚煤层一次采全高的技术空白。

2 超临界二氧化碳循环发电技术

技术原理

超临界二氧化碳（S-CO_2）循环发电技术属于布雷顿循环，本质上是热力循环工艺的一种，循环工质采用超临界状态的 CO_2。S-CO_2 循环发电便于灵活利用煤炭、天然气、核能、太阳能、生物质、余热等作为热源。

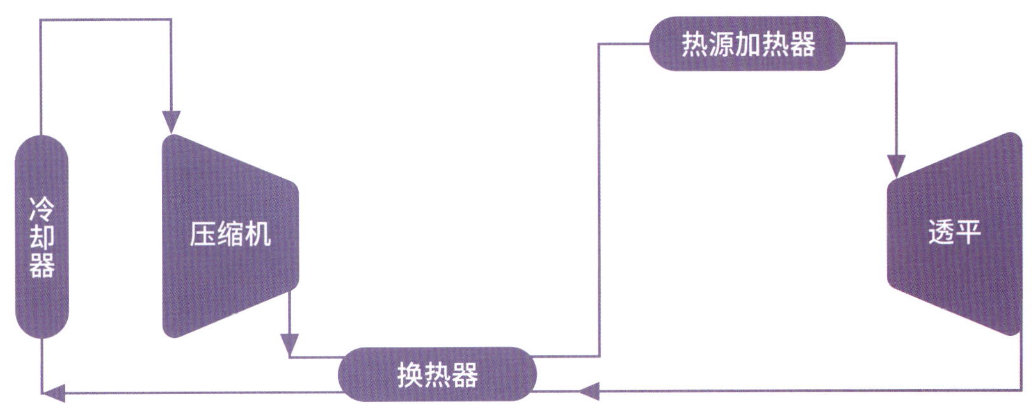

图 S-CO_2布雷顿循环示意图

技术优势

- S-CO_2循环发电技术具有功率密度高、单位体积做功能力强的特点，透平体积约为传统蒸汽轮机的1/20，装备造价下降潜力大。
- 550°C以上时，相比传统蒸汽朗肯循环，相同工质参数的S-CO_2循环发电技术的发电效率提高2%~3%。
- S-CO_2循环发电技术可结合多种热源，当采用太阳能、生物质等作为热源时，可提高非化石能源消费比重。

工程进展

- 华能集团西安热工研究院有限公司自主设计研发的5MW等级S-CO_2循环发电试验平台目前样机研制已经完成，处于设备安装阶段，该试验平台设计为简单分流再热循环系统，透平入口压力20MPa，温度600°C。
- 首航高科能源技术股份有限公司对首航敦煌10MW塔式光热电站的蒸汽朗肯循环进行S-CO_2循环改造，目前正在进行相关改造工作。

3 核能供热技术

核能供热是以核裂变产生的能量为城市集中供热或工业供热。核能供热低碳清洁、供热能力大，对消除燃煤造成的环境污染、缓解热源紧张以及促进供热热源多元化有重要意义。

泳池式低温堆供热

泳池式低温供热堆技术原理是将反应堆堆芯放置在一个常压水池的深处，利用水层的静压力提高堆芯出口水温至 90°C ~100°C，以满足供热要求。中核集团自主研发了可用来实现区域供热的“燕龙”泳池式低温供热堆以及“燕龙”泳池式多用途堆。“燕龙”具有“零”堆熔、“零”排放、易退役、投资少等特点，增设了压力较高的隔离回路，确保放射性与热网隔离。

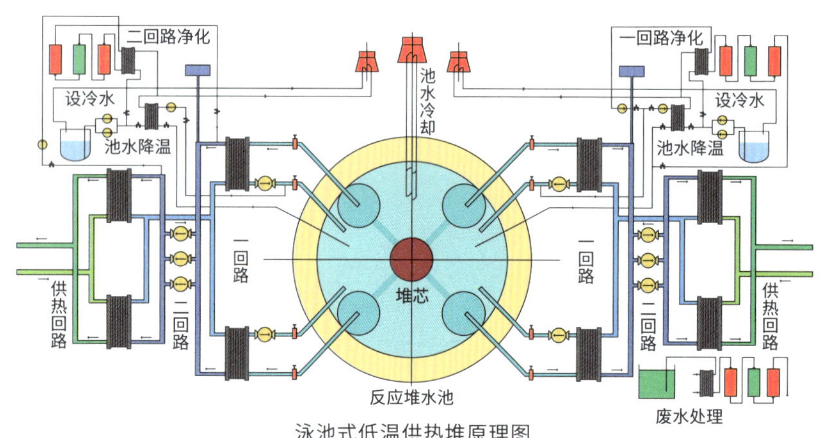

泳池式低温供热堆原理图

核电厂对外供热

2019 年 11 月，山东海阳核电厂对外供热项目一期工程第一阶段正式投用，截至 2020 年 1 月 20 日，已稳定运行两个多月，累计供热量已经达到 15.3 万吉焦，相当于替代煤炭消费 1 万多吨。

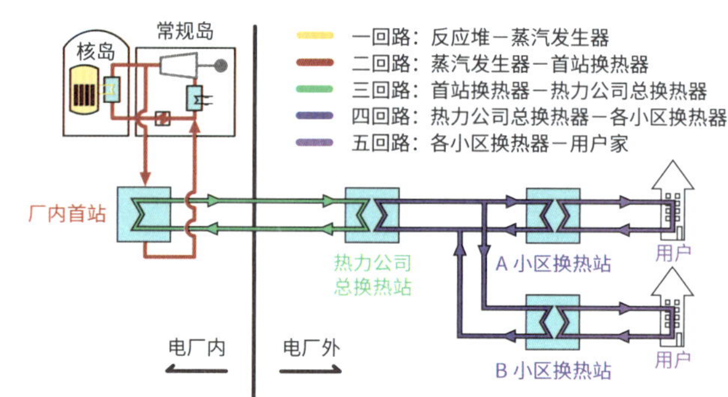

对外供热五回路系统示意图

高温气冷堆供热

高温气冷堆是我国自主知识产权、具有第四代核能系统特征的先进核能技术，具有固有安全性高、系统简单、模块化设计、用途广泛等特点。在技术上，高温气冷堆可以取消场外应急，具备良好的社会环境相容性。相比于压水堆技术，高温气冷堆能提供 14.1MPa，571°C的高参数蒸汽，具有提供高温工艺热的能力，可以广泛用于石油、化工、炼铁、制氢等领域。

我国高温气冷堆技术历经基础研究、实验堆运行以及示范工程建设。山东石岛湾 20 万千瓦级高温气冷堆核电站示范工程（HTR-PM）正在建设中，预计 2020 年并网发电。

4 大型电力电子器件最新应用

统一潮流控制器

统一潮流控制器（UPFC）是一种功能强大、特性优越的新一代柔性交流输电装置。作为第 3 代 FACTS 元件之一的 UPFC, 也是目前最有力、最全面的晶闸管控制装置 , 是迄今为止通用性最好的 FACTS 装置，综合了 FACTS 元件的多种灵活控制手段，能同时并非常快速地独立控制输电线路中有功功率和无功功率，控制线路的潮流分布 , 具有电压调节、串联补偿和移相等能力，可有效地提高电力系统的稳定性。

苏州南部电网 500kV UPFC 示范工程是世界上电压等级最高、容量最大的 UPFC 工程，显著提高了电网的整体科技含量，对柔性交流输电技术在更高电压等级的应用和推广起到很好的示范作用。工程于 2017 年年底建成投运后，使电网潮流由自然分布转变为智能化灵活控制，在不新建输电通道的前提下，有效解决了苏州南部 500kV 电网发展中存在的问题，提升了苏州南部电网对特高压交直流电网的承接能力和支撑作用。

大容量 STATCOM 动态无功补偿技术

该技术具有运行范围宽、响应速度快、抑制电压闪变能力强、谐波含量低、占地面积小等优点。从产品结构型式看，STATCOM 包括多重化结构、链式串联结构等，目前主推的为链式串联结构。国内产品可实现直挂 6kV、10kV、35kV，已实现工程应用的单组容量最大可达 ±100Mvar，技术装备水平总体达到国际先进水平。

国内已在多座变电站内安装了大容量 STATCOM 成套设备，如上海西郊变，广东东莞变、水乡变、木棉变等工程。其中标志性成果是 2018 年 12 月投产的江苏吴江变 STATCOM 工程，包括 3 组 STATCOM，额定电压 35kV，单组容量 ±100MVar，总容量为世界最大。3 组 STATCOM 均采用三相全桥式 IGBT，在交流系统严重故障时，装置可为电网提供动态无功支撑。

5 交流海底输电技术

海底电缆是跨海传输电力的重要手段。海缆工程的建设，受海洋环境、施工设备等条件的限制，电缆制造难度高、工程建设技术复杂。海缆主要有自容式充油电缆、交联聚乙烯电缆、乙丙橡胶绝缘电缆、油浸纸电缆等结构型式。目前，交流海底电缆输电技术已应用至 500kV 线路，交联聚乙烯电缆已实现了国产化。

南方主网与海南电网 500kV 联网二回工程采用自容式充油电力电缆，输电能力为 60 万千瓦，远期具备直流输电能力，电缆路由长度 30.5km。浙江舟山联网工程首次采用国产 500kV 交联聚乙烯绝缘海缆，输送能力 110 万千瓦，路由长度 17 公里。这两项工程都已于 2019 年上半年建成投运。

6 同步调相机技术

同步调相机由调相机本体、励磁系统、升压变、起动系统、冷却系统、油系统、控制保护系统等部分组成。从型式上看，新一代调相机优先采用静止变频启动技术，冷却方式多样，具备瞬时无功支撑和强短时过载能力、容量大、动态特性好等优点，可为系统提供动态无功支撑，有效提高系统电压稳定性，在缓解直流换相失败和提升新能源消纳比例等方面具有明显效果。

在工程应用方面，国内已规划了一大批工程项目，陆续建成了扎鲁特、湘潭、泰州、临沂等多个调相机工程。其中，临沂工程是国内首个 3 机组调相机工程，总容量为 3×300Mvar，于 2018 年 10 月并网成功。

7 氢能

氢能产业横跨能源、材料、装备制造等多个领域，既能有效带动传统产业转型升级，又能催生新产业链，整合带动效果突出。

一 氢能发展取得积极进展

• 氢能源首次写入《政府工作报告》

2014 年国务院印发的《能源发展战略行动计划（2014-2020）》中，氢能与燃料电池技术创新列为 15 项重点任务之一，氢能产业首次被提升到国际能源发展的战略高度。2019 年政府工作报告首次加入“推动充电、加氢等设施建设”等与氢能源相关内容。

• 国内首个 MW 级别氢储能项目落户

8 月 16 日，安徽六安成功签约 1MW 分布式氢能综合利用站电网调峰示范项目，是国内第一个兆瓦级氢能源储能电站。

• 全球最大风电制氢项目

河北张家口的全球最大的风电制氢项目——沽源风电制氢综合利用示范项目，一期投产后年制氢 700.8 万标准立方米。

• 国内首个电解制氢掺入天然气项目

9 月 30 日，朝阳可再生能源掺氢示范项目第一阶段工程圆满完工。该项目是国内首个电解制氢掺入天然气项目，通过验证电力制氢和氢气流量随动定比掺混、天然气管道材料与氢气相容性分析、掺氢天然气多元化应用等技术的成熟性、可靠性和稳定性，达到全面验证示范氢气“制取 - 储运 - 掺混 - 综合利用”产业链关键技术的目的。

- **全国首座油氢合建站**

10 月 26 日，中国石化樟坑油氢合建站举行投运仪式，该站位于广东佛山南海区，是全国首座油氢合建站，加注压力为 35 兆帕，储氢能力可达 712 公斤。

- **中法签约推动氢能发展**

11 月 6 日，在中国国家主席习近平和法国总统马克龙共同见证下，中国石化集团有限公司董事长戴厚良与法国液化空气集团董事长兼首席执行官博天代表双方公司在北京人民大会堂签署合作备忘录，探讨加强氢能领域合作。正值中法建交 55 周年之际，两国企业签署氢能合作文件，揭开了中法清洁能源合作的崭新篇章。

- **新能源汽车产业发展规划**

工信部正式发布《新能源汽车产业发展规划（2021-2035 年）》（征求意见稿）开始公开征求意见。其中表示，将深化“三纵三横”研发布局，在完善基础设施建设部分，提出将有序推进氢燃料供给体系建设。

- **世界首条氢能源有轨电车投入运营**

12 月 30 日，中车四方股份公司研制的氢能源有轨电车在佛山高明上线载客开跑，标志着世界首条氢能源有轨电车正式投入商业运营，我国现代有轨电车驶入“氢时代”。

- **国内首艘纯电池动力客船亮相**

12 月 3 日，中国船舶第七一二研究所发布了拥有自主知识产权的全国首台 500 千瓦级船用燃料电池系统解决方案，其中，拥有完全自主知识产权的船用氢燃料电池系统以及国内第一艘纯电池动力客船君旅号精彩亮相。

- **首个光伏制氢工程落地**

国内首个太阳能燃料生产示范工程在兰州新区精细化工园区落地，该项目由光伏发电、电解水制氢、二氧化碳加氢合成甲醇三大系统单元组成，通过电解槽供电实现电解水制氢，制取的氢气与汽化后的二氧化碳在催化剂作用下反应合成甲醇。

氢能产业园建设如火如荼

塑造良好的产业环境，可促使氢能产业链充分发展，实现氢能广泛应用。近年来，在国家政策的大力支持下，我国的氢能和燃料电池产业得到了迅猛发展，氢能产业园的建设如雨后春笋般涌现。

全国主要氢能产业园

地区	产业园
湖北	武汉雄韬氢能产业园
山西	大同氢能产业园
江苏	如皋市氢能产业园
	丹徒氢能源产业园
	苏州氢能产业示范区
上海	嘉定氢能产业园
辽宁	沐与康氢能产业园
	旅顺氢能小镇
广东	佛山云浮产业转移工业园
	茂名氢能产业基地
	云城氢能小镇
浙江	台州氢能小镇
安徽	明天氢能产业园
河北	张家口桥东区创坝园区
河南	新乡氢能产业园

氢能产业逐年投入增加，处于基础建设阶段：制氢以煤制氢为主；储运环节成本较高，加氢站数量少，盈利困难；消费主要是石油化工领域，氢能领域应用较少，但增速较快。氢能产业链发展尚处在起步期，面临部分领域缺乏核心及前沿技术与产业链发展不均衡带来市场风险的挑战。

在今后的发展中，一是完善氢能标准法规、管理制度，健全行业管理体系；二是集中攻克关键技术，加大科研投入；三是更全面地挖掘氢能的价值和潜力，避免局限于“一窝蜂”造车和出现产能过剩风险；四是终端市场的推广应用与我国自主创新进度匹配，自主技术突破前不宜大规模推广应用。

4.2 重点工程项目

1 燃气轮机示范项目

2019 年，经国家能源局批准，华能南通电厂燃气轮机发电项目等 24 个项目列入第一批燃气轮机创新发展示范项目，有序推进燃气轮机关键核心技术装备研制并应用。

第一批燃气轮机创新发展示范项目包括 22 个燃气轮机型号和 2 个运维服务项目，涵盖了哈电集团、东方电气、上海电气、中国航发、中国船舶等国内主要燃气轮机研制单位的重型燃气轮机和系列中小微型燃气轮机。

目前，我国部分航改型燃气轮机已在燃机总体设计、高效率动力涡轮设计、燃气发生器与动力涡轮匹配设计等方面实现了一定的技术突破，并完成了燃机样机的生产，实现了整机的稳定运转，且热效率等主要性能达到或接近国外同档功率燃机的先进水平。以列入示范项目的中国航发研制的 QD185 航改型燃气轮机为例，其 ISO 工况主要性能指标如下：

QD185 航改型燃气轮机主要性能指标表（ISO 工况）

指标	基本负荷（运行状态）	尖峰负荷（设计状态）
输出功率	15.5MW	18.5MW
热效率	36.2%	38%
排气温度	479℃	495℃

数据来源：中国航发燃气轮机有限公司

图片来源：中国航发燃气轮机有限公司

我国航改型燃气轮机的国产化率基本能够达到或接近 100%，但在低 NOx 燃烧技术、高温合金材料、设备寿命和可靠性等方面仍有待继续推进研发工作。

2 光热示范项目

2016 年 9 月，国家能源局发布了第一批 20 个光热发电示范项目名单，总装机容 1349MW，截至 2020 年 1 月底，我国已并网的商业化光热发电项目 8 个，总装机容量 500MW。

2018 年底已投运的 3 个光热发电示范项目：中广核德令哈 50MW 槽式导热油光热发电项目、首航节能敦煌 100MW 熔盐塔式光热发电项目和青海中控德令哈 50MW 熔盐塔式光热发电项目，已进入商业运行阶段，运行状况平稳。以中控德令哈 50MW 光热发电项目为例，从 2019 年 9 月底移交生产并进入为期一年的性能考核期，截止到 2020 年 3 月 26 日，除了受天气影响外，没有因设备故障而影响发电，实际运行 158 天，累计发电量 7486.96 万 kWh，平均发电量达成率 97.06%，其中 2020 年前三个月的发电量达成率超过 100%。

2019 年以来并网光热发电项目 5 个，总装机容量 300MW，包括：青海省海西州鲁能多能互补集成优化示范项目 50MW 熔盐塔式光热发电项目、中电建共和 50MW 熔盐塔式光热发电项目、中电工程哈密 50MW 熔盐塔式光热发电项目、兰州大成敦煌 50MW 熔盐线性菲涅尔式光热发电项目和内蒙古乌拉特中旗龙腾 100MW 导热油槽式光热发电项目。

3 乌东德送电广东广西特高压多端直流工程

该工程西起云南昆北换流站，东至广西柳北换流站、广东龙门换流站，采用 ±800 千伏三端混合直流技术，线路全长 1489 千米，输送容量 800 万千瓦，是国家《能源发展“十三五”规划》及《电力发展“十三五”规划》明确的跨省区输电重点工程，是国家特高压多端直流的示范工程。工程采用多端技术，对于大规模电源送出实现受端多点分散接入、节约通道走廊、优化电网结构、提高受端电网的安全稳定水平具有重大示范作用。其建设将有利于我国占领特高压多端、柔性直流输电技术制高点，从长远看，将为未来大规模可再生能源基地的开发与并网提供强有力的技术支撑。

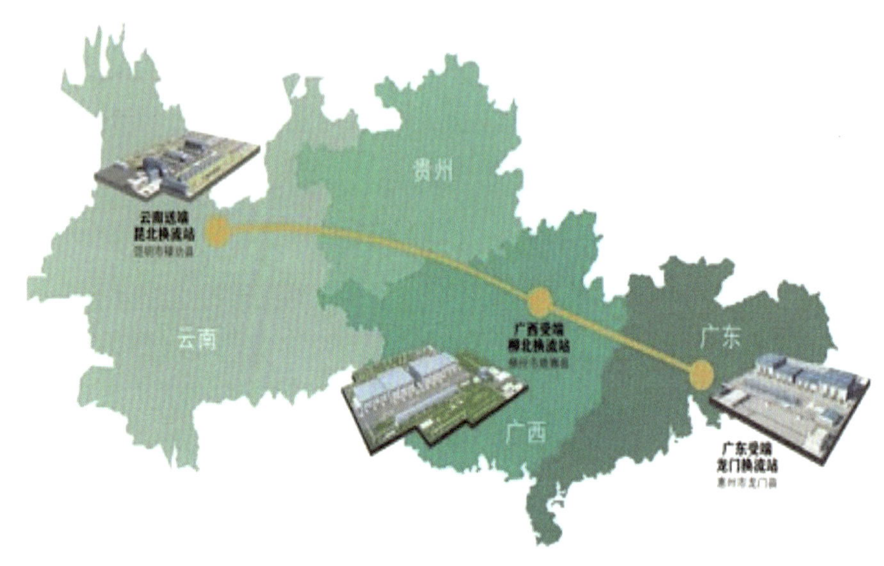

4 昌吉 - 古泉 ±1100kV 直流输电工程

昌吉—古泉 ±1100 千伏特高压直流输电线路工程，起于新疆准东（昌吉）换流站，止于安徽宣城（古泉）换流站，途经新疆、甘肃、宁夏、陕西、河南、安徽六省区，线路全长 3324 公里，输送容量 1200 万千瓦，是目前世界上电压等级最高、输送容量最大、输电距离最远、技术水平最先进的直流输电工程。对于促进新疆能源基地开发、保障华东地区电力可靠供应、拉动经济增长、实现新疆跨越式发展和长治久安、落实大气污染防治行动计划等具有十分重要的意义，是当之无愧的“大国重器”，在我国电力工业发展史上具有里程碑意义。

4.3 能源技术趋势

1 能源区块链技术

区块链是一种由多方共同维护，使用密码学保证传输和访问安全，能够实现数据一致存储、难以篡改、防止抵赖的分布式记账技术，能解决互联网中的信息不对称、交易成本高、陌生人信任等难题，是一项颠覆性创新。2019 年 10 月 24 日，中共中央政治局就区块链技术发展现状和趋势进行了第十八次集体学习，区块链技术迅速成为全社会关注焦点。

区块链技术特点

区块链技术作为一种分布式共享数据库技术，以下技术特点已经达成共识：

去中心化（Decentralized）：去中心化指系统中没有中介机构，所有节点的权利和义务都相同，任一节点停止工作都不会影响系统整体的运作。

去信任（Trustless）：区块链技术组件的系统中，所有节点之间无需信任也可以交易，数据库和整个系统数据信息交互公开透明，信息交互在统一的时间和规则约束框架内进行，从技术和机制层约束节点信息交换行为，节点之间无法欺骗彼此。

集体维护（Collectively Maintain）：系统中节点都具有维护系统的权利和义务，由其中所有具有维护功能的节点共同维护。

可靠数据库（Reliable Database）：区块链技术具有不可篡改的特点，可更好保证数据真实性。在区块链环境下信息安全交互，每一个节点都拥有最新的完整数据库复制，修改单个节点信息对于数据库是无效操作，需要半数以上节点同时修改才能够认定为有效。

能源区块链技术

能源区块链一般指区块链技术在电力、石油、天然气、供冷热等能源领域的应用。具体地，其将各能源节点的交易数据存储在顺序连接的加密区块中，实现分布式存储和共识机制决策，维护全网能源数据的一致性，并通过智能合约完成能源数据的传递与验证，从而形成具有可追溯性、去中心化性、去信用化性的能源互联的数据结构。区块链技术为解决目前能源开发、传输及使用依靠中心或者第三方机构普遍存在的高成本、低效率及信息安全等问题提供了有效的技术方案。

能源区块链技术将在能源计量认证、市场交易、组织协同等方面发挥重要作用。目前，能源区块链项目开发主要集中于分布式电力交易、绿色清洁电力认证及交易、电动汽车充电及充电桩共享等方面。能源区块链应用于分布式能源系统，结合智能电表可对不同主体的发电量进行计量和登记，形成不可篡改的发电量账本，并通过智能合约实现多余电力的点对点认领与交易。此外，基于区块链技术和智能电表可以形成不可篡改的清洁电力发电量账本，为相关机构清洁能源生产和使用证书的发放提供可信依据。

区块链协调电力系统数据流

发电

- 保障安全传输发电数据到区块链，实现数据可见性、安全性和准确性。
- 基于实际生产的可再生能源信用可以申请授予和交易。

输配电

- 通过智能合约交易售电权，从而最大程度减少对代理机构的需求。
- 区块链支持的传感器和控件可实现安全的数据采集，并能提高网络的弹性。

终端用户

- 客户与企业的实时互动可以缩短付款周期、提高能源利用率、简化账户管理。
- 区块链管理能源流动和支付合同可以使微电网点对点自主运行。
- 通过智能钱包实现交易可以使电动汽车与基础设施无缝衔接。
- 智能家居与电网协调购电和用电，从而提高电网效率，延长家电使用寿命。

区块链在电力行业的应用

光伏补贴：国网浙江电力在浙江海宁应用区块链后，解决了以前补贴流程中需要盖章和提供证明材料等大量线下工作的问题，实现客户补贴申请“一次不用跑”，提升审核效率，降低政府和企业的盖章量。

需求侧响应：当前电表不显示响应负荷数据，客户无法及时核对实际响应量。此外，所有数据都是电网公司提供，监管部门缺乏有效数据来源的监管手段。应用区块链后，电网公司可以自证清白，成为能源局更好的监管方式，降低监管成本，提升监管效率。

绿色证书：南方电网广东电网公司珠海供电局开展了基于区块链的绿色电力证书交易平台的试点示范。平台只作为存储和共享能源交易记录的平台，不介入或影响交易流程，实现绿色证书信息存储和点对点绿色证书交易，便于进一步监管，并保证了绿色证书的安全性。

电子发票：南网电动汽车公司于 2019 年 1 月 31 日开出全国首份充电电费区块链电子发票，截至 2019 年 10 月底累计开出 5000 多张电子发票。区块链电子发票突破了以往只有交易双方信息的局限，实时同步税务机关，有效规避了假发票，保证了数据安全。

案例 - 蛇口能源区块链项目

蛇口能源区块链项目是基于区块链技术的旨在促进清洁电能利用的社区公益项目，由招商局慈善基金会、北德认证（TUV NORD）、熊猫绿色能源集团以及华为公司等联合发起建设。在该项目中，熊猫绿能将其分布式电站每日发出的绿色电能通过能源互联网平台提供给示范社区内的用户。用户可在平台上选择使用清洁能源或传统能源。当用户选择清洁能源时，基于区块链技术的智能合约生成，直接配对电站与用户形成点对点虚拟交易。同时，TUV NORD 将为用户出具权威电子证书，证明其使用的是绿色电能，以此促进用户对清洁能源的利用。

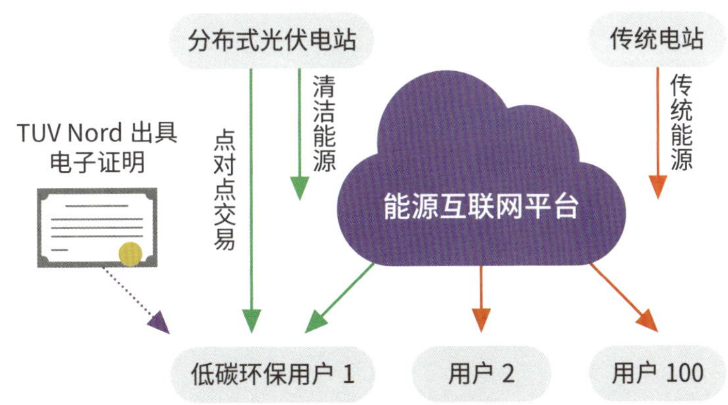

蛇口能源区块链项目示意图

图片来源：《能源区块链应用工程现状与展望》，赵日浩，等

区块链在油气行业的应用

国内外石油公司对于区块链技术的应用目前主要体现在油气生产核算、能源交易、数字提单、数字货币及行业联盟等方面。多家石油公司尝试并建立相关的能源交易平台，如 BP、壳牌等大型石油公司与大型银行和贸易公司联合推出的油气大宗商品商贸 Vakt 平台，Interbit 平台、PONTON P2P 平台、美国原油贸易金融平台等。埃克森美孚、雪佛龙等多家大型油气公司在美国成立第一个行业区块链财团——海上运营商协会油气区块链联盟，旨在通过搭建业内的合作网络、建设区块链应用生态，推动该技术在油气勘探、生产、财务、IT、矿权管理及供应链等领域的应用，为整个行业发挥示范作用。

未来，区块链在油气行业有着广阔的应用前景。在勘探开发领域可以通过私有链进行油气勘探开发招投标管理，增强合同双方的互信；通过与数字油田结合，对井场的生产信息进行实时采集，为决策层提供第一手真实有效信息；在炼油化工领域可以结合物联网，将数据和设备上网上链，实现数据共享，提高各环节之间协作效率；在装备制造及工程技术领域，可以实现放射源追踪、大型设备的核心部件运输、安装、维修等环节的追溯。

2 能源智能技术

能源智能化指能源企业将数字技术应用于能源生产、传输和消费的各个环节，引导能量有序流动，构筑更高效、更清洁、更经济的现代能源体系，提高能源系统的安全性、生产率、可及性和可持续性。

党的十九大对建设网络强国、数字中国、智慧社会等作出了战略部署。20余省级重点城市相继出台数字经济相关政策。能源行业发展潜力巨大，亟须转型升级和重塑能源发展态势。目前，能源行业具有巨大智能化转型空间。

第一层次：已应用于能源行业	第二层次：已应用于其他行业	第三层次：正在其他行业开发中	第四层次：处于早期开发中的技术
• 基础机器学习 • 机器视觉 • 虚拟现实/增强现实	• 先进成像技术 • 区块链 • 网联车 • 深度（机器）学习 • 先进三维扫描 • 智能个人防护设备 • 协作机器人	• 自主智能机器人 • 认知计算 • 先进显示（如：全息成像） • 自动驾驶汽车 • 绝热量子计算 • 嵌入式传感器 • 自愈合机器	• 量子计算 • 可见光无线通信 • 量子传感器 • 光计算 • WiFi电力系统 • 生物芯片

对能源行业的影响程度

基础数字技术：传感器、仿真、大数据、优化、高速连接、无线通信、5G、网络安全

煤炭行业应用案例

当前，我国煤炭行业在智能化生产、智能化建设方面实现了跨越式发展，尤其是综采智能化无人开采技术已广泛适用于大采高、中厚煤层、薄煤层及放顶煤工作面，目前全国已建成将近200个智能化采煤工作面，实现了地面一键启动、井下有人巡视、无人值守。

2019年初，国家煤矿安监局发布《煤矿机器人重点研发目录》，明确将大力推动煤矿现场作业的少人化和无人化，共涉及掘进、采煤、运输、安控和救援等关键危险岗位的5类、38种煤矿机器人。应急管理部提出，到2022年全国煤矿的采煤、掘井智能化工作面将达到1000处，产能达到10亿至15亿吨。2020年2月25日，国家发展改革委等八部门印发《关于加快煤矿智能化发展的指导意见》，提出到2025年，大型煤矿和灾害严重煤矿基本实现智能化；到2030年，各类煤矿基本实现智能化。

石油天然气行业应用案例

在石油和天然气行业，生产系统中引入微型传感器和光纤传感器可以提高产量或总体油气回收率；使用自动钻机和机器人来检查和修理水下基础设施、监测管道和油罐。

在未来，更多的可穿戴设备、智能机器人和人工智能技术将应用于石油和天然气工业。数字技术的广泛应用，可使油气工业生产成本降低10%-20%，可采油气资源增加5%左右。

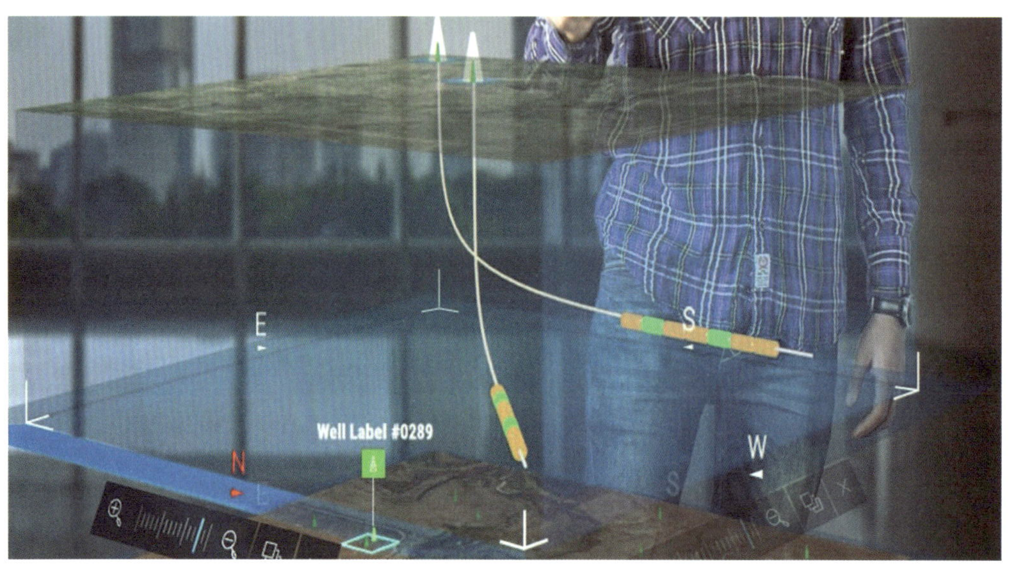

电力行业应用案例

智能电厂技术：是新一代信息通信技术、人工智能技术与先进发电技术等深度融合，贯穿于设计、制造、安装、生产、管理、服务等电厂活动的各个环节，具有自感知、自学习、自决策、自执行、自适应、自组织等功能的新型生产管理模式。通过智能电厂的建设，不仅可提升发电产能、效率、安全性、可利用率、可靠性，而且通过对发电设计、制造、运维全域结构化和非结构化数据的机器学习，可自动预测机组和系统的性能潜力 / 衰退、设备磨损 / 损耗等，继而增强机组运行的自治性和灵活性，为机组预知维修的实现奠定基础。

智能电网技术：智能电网围绕电力系统各环节，充分应用现代信息技术、先进通信技术，实现电力系统各环节万物互联、人机交互，具有状态全面感知、信息高效处理、应用便捷灵活特征的智慧服务系统。将信息技术融入电力系统，实现“万物互联”，形成能源互联网生态圈。

能源智能化趋势和演进路径

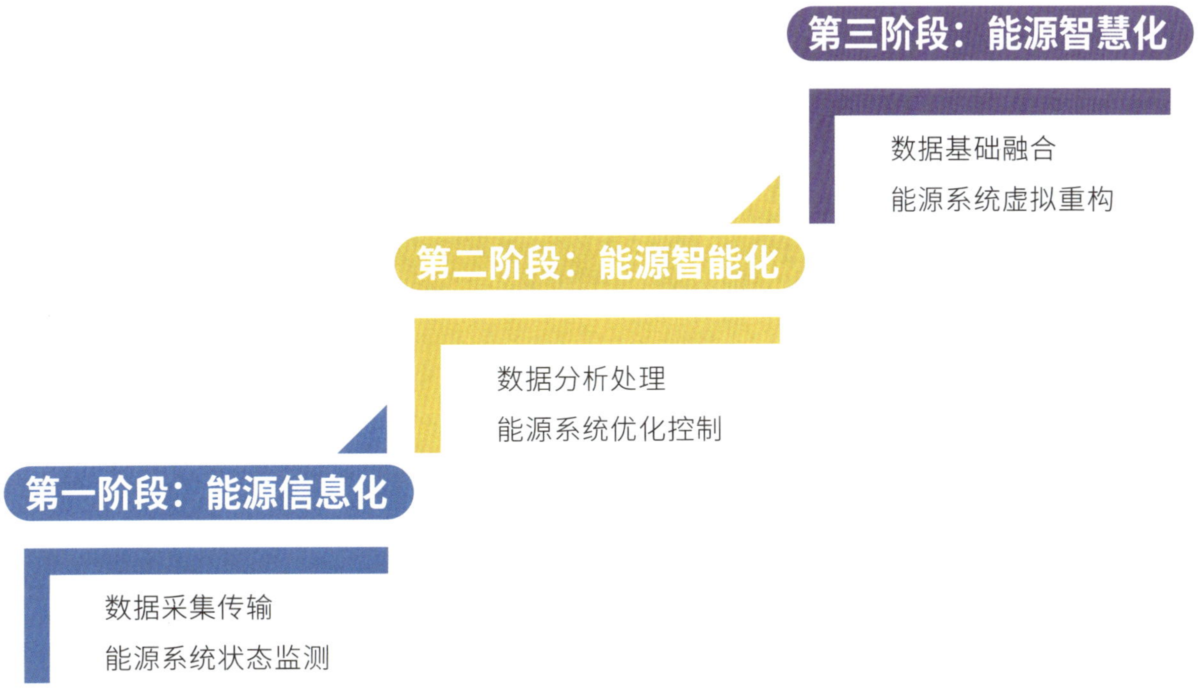

第三阶段：能源智慧化

数据基础融合

能源系统虚拟重构

第二阶段：能源智能化

数据分析处理

能源系统优化控制

第一阶段：能源信息化

数据采集传输

能源系统状态监测

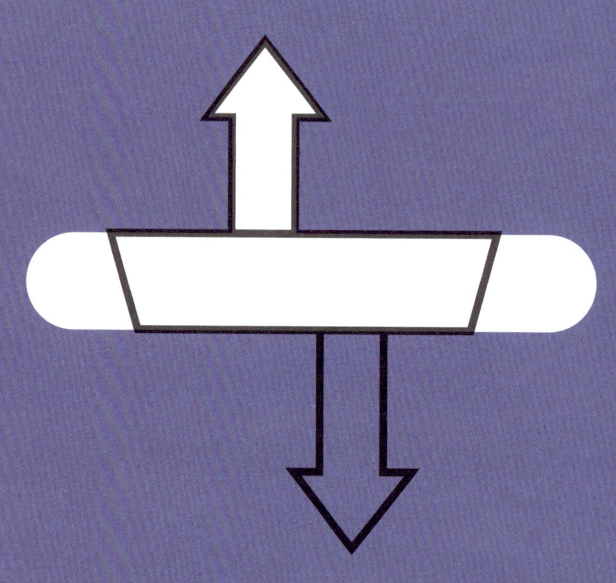

ENERGY POLICIES

— 05

能源政策篇

2019 年，我国能源体制机制创新取得新突破。油气体制改革步伐加快，国家油气管网公司正式挂牌成立；电力体制改革持续深化，电力现货市场试点全面启动；新能源健康发展翻开新篇章，可再生能源电力消纳保障机制形成，“竞价上网”全面推行，“平价上网”时代即将到来；储能和生物质天然气新政频出，利好新业态发展。

5.1 油气体制改革

1 油气勘查开采体制改革循序展开

油气上游改革的重点是推行矿业权竞争性出让制度，最终实现“以大型国有油气公司为主导、多种经济成分共同参与的勘查开采体系”。为推动矿业权出让制度改革，自然资源部开展油气探矿权竞争出让试点，开放油气勘查开采市场，在国内注册、净资产不低于 3 亿元人民币的内外资公司均有资格按规定取得油气矿业权；油气矿业权实行探采合一制度，不仅对新增探矿权出让征收出让收益，对存量探矿权在一定期限后也要征收出让收益。

2020 年油气勘查开采改革政策

时间	政策	内容
2019年3月	《矿业权出让管理办法》（征求意见稿）	对矿业权竞争性出让的方式方法公开征求意见
2019年4月	《关于统筹推进自然资源资产产权制度改革的指导意见》	提出探索研究油气探采合一权利制度，完善竞争出让方式和程序，制定实施更为严格的区块退出管理办法和更为便捷合理的区块流转管理办法
2019年6月	《外商投资准入特别管理措施（负面清单）（2019年版）》	取消对油气勘探开发领域的外资准入限制
2019年12月	《中华人民共和国矿产资源法（修订草案）》（征求意见稿）	推进矿权竞争性出让，健全矿区生态修复机制，完善收益分配机制，明确了矿产资源税费制度，实行油气探采合一制度
2019年12月	《自然资源部关于推进矿产资源管理改革若干事项的意见（试行）》	油气矿业权实行探采合一制度，明确了在全国范围内探索以出让收益市场基准价确定的价格等作为油气探矿权竞争出让起始价，开展油气探矿权竞争出让试点

油气上游体制下一步改革的重点是建立矿业权的退出和流转制度，建立公开透明的油气矿权交易市场。严格规范矿权转让和流转程序，制定公开透明的矿权转让市场标准和交易规则，明确投资额度、交易期限和交易流程，并加强市场监管，规范交易秩序，确保矿业权交易公正、公开、透明。考虑完善矿权转让方式与机制，简化转让手续，提高行政办事效率，促进矿权流转市场的有效性，使市场更有效地发挥资源配置功能。建立油气区块矿业权退还制度。此外，相关职能部门按照最低勘查投入标准，加强对已登记油气区块勘探投入现状的检查，对未能达标者，如实按比例退还相应区块面积，逐步建立起有效的矿权退还机制。

我国油气上游改革进程

改革前情况	主要改革举措	需要进一步改革的领域
矿业权基本采取计划配置方式： • 矿权采取协议出让的方式。 • 中石油、中石化、中海油和延长石油四家公司有资格从事国内油气资源勘探开发。	**在常规油气和非常规油气改革试点的基础上，自然资源部出台《关于推进矿产资源管理改革若干事项的意见（试行）》：** • 继续推进油气探矿权竞争出让试点。 • **开放油气勘查开采市场：**在中华人民共和国境内注册，净资产不低于3亿元人民币的内外资公司，均有资格按规定取得油气矿业权。 • **实行油气探采合一制度：**油气探矿权人发现可供开采的油气资源的，在报告有登记权限的自然资源主管部门后即可进行开采。	**健全矿权退出和流转制度：** • 建立矿权退出机制。 • 建立矿业权流转机制，建立矿业权二级市场，完善相应的交易市场和评估机构。
“三桶油”拥有中国常规油气资源探矿权总面积的97%、采矿权总面积的99%。	油气企业开展了矿业权内部流转的试点。	• 建设现代企业制度，成为真正的油气公司。 • 做好企业的储量资产化工作。 • 做好油藏经营管理。

2 油气管网体制改革成效显著

2017 年前，管网输送与油气生产和销售企业未分开，管道运输主要服务于自身。虽然有第三方准入的要求，但实际执行的量很小。

2017 年，中共中央、国务院印发《关于深化石油天然气体制改革的若干意见》，提出油气管网改革的目标是：改革油气管网运营机制，提升集约输送和公平服务能力。分步推进国有大型油气企业干线管道独立，实现管输和销售分开。完善油气管网公平接入机制，油气干线管道、省内和省际管网均向第三方市场主体公平开放。

2019 年，我国油气管网体制改革迈出了实质性的步伐，国家油气管网公司正式成立。

我国油气管网改革进程

改革前情况	主要改革举措	需要进一步改革的领域
管网输送与油气生产和销售企业未分开： • 管道运输主要服务于自身。 • 虽然有第三方准入的要求，但实际执行的量很小。	**油气管网改革：** • 实行“网运分开”、构建全国一张网，成立国家石油天然气管网有限公司。 • **油气储运设施公平准入：** 管道、接收站、储气库等基础设施向第三方开放。 • **加强管输价格监管：** 发布《天然气管道运输价格管理办法（试行）》《天然气管道运输定价成本监审办法（试行）》，加强天然气管道运输价格管理。	**进一步完善管网运行机制：** • 理顺省级管网运行机制。 • 实现全国油气管网设施统一调控。 • 建立和完善油气基础设施容量分配交易机制和平台。
长输管网全部为中石油和中石化所有，其中中石油占天然气长输管道的 70%。		• 处理好与省级管网的关系。 • 城市燃气。 • 大用户直供。

原中国石油、中国石化和中海油所属的21家公司被纳入国家石油天然气管网集团有限公司，除了三家液化天然气（LNG）公司和一家储气库公司外，其余均为管道公司。

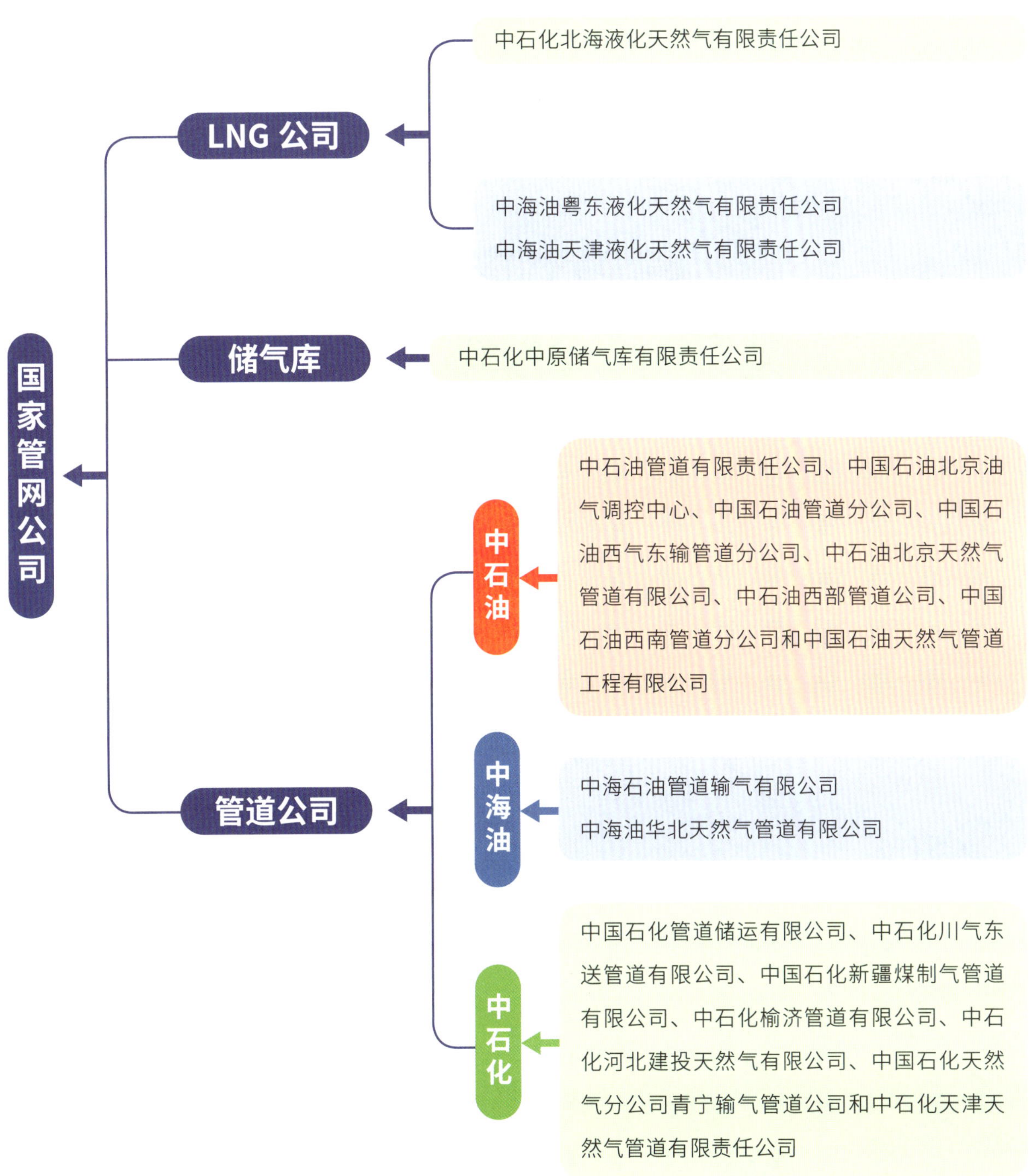

3 下游竞争性环节市场化程度不断提高

我国油气下游竞争性环节市场化程度比较高，市场主体多元化格局基本形成，但仍存在一系列问题，主要表现在市场化竞争不充分，炼油能力过剩问题需要化解，市场化定价机制和公平竞争市场秩序尚待完善。2017 年 5 月，中共中央、国务院印发《关于深化石油天然气体制改革的若干意见》，提出要深化下游竞争性环节改革，完善油气进出口管理体制，改革油气产品定价机制，完善油气储备体系。2019 年 3 月，中央全面深化改革委员会第七次会议提出油气下游改革的目标是形成油气销售市场充分竞争的市场体系。

我国下游竞争性环节改革进程

	主要改革举措	需要进一步改革的领域
进出口管理	• 2015年以来，陆续向符合条件的地方炼油企业放开了进口原油使用权及原油进口权。 • 成品油出口配额制管理。	• 原油进口逐步从配额管理过渡到对进口原油的流量流向进行监测监管。 • 成品油进口由配额制改为自动许可制度。
成品油销售	• 一步放宽油品销售环节市场准入。2018年国家发展改革委、商务部发布《外商投资准入特别管理措施（负面清单）》，取消外资连锁加油站超过30家，且由中方控股的限制，下游油品零售环节基本实现了市场配置资源。	• 成品油批发由审批制逐步过渡到以资质管理为核心的备案制。
天然气销售	• 促进天然气配售环节公平竞争。	• 鼓励多种市场主体参与天然气交易。符合资质的天然气生产商、配气商、贸易商和大用户等多种市场主体通过油气交易平台参与天然气交易。
油气定价	• 进一步深化油气定价机制改革。居民与非居民用气基准门站价格水平相衔接，不再区分居民非居民用气门站价格。 • 2015年7月和2017年1月，建立上海和重庆石油天然气交易中心；2018年中国原油期货上市。	• 适时放开国内成品油价格，国家不再发布成品油最高限价，不再设置批零差价，取消油价调控风险准备金。

5.2 电力体制改革

1 增量配电网建设情况

截至 2019 年 8 月 31 日，试点项目共计达到 380 个，第一批试点的 94 个项目（不含 12 个申请取消的试点项目）中，92 个项目已确定项目业主，25 个项目已建成投产，29 个项目已开工建设，第二批 62 个试点项目确定业主，13 个取得电力业务许可证，8 个开工建设。

推进举措

继续扩大试点覆盖范围

2018年12月，国家发展改革委、国家能源局印发《关于请报送第四批增量配电业务改革试点项目的通知》，开展第四批增量配电业务改革试点工作。2019年6月，确定84个项目纳入第四批试点，进一步将试点向县域延伸。

优化试点项目结构

2019年10月国家发展改革委、国家能源局出台了《关于取消部分地区增量配电业务改革试点的通知》，主要是考虑到部分项目由于前期负荷预测脱离实际、未与地方电网规划有效衔接、受电主体项目没有落地等原因，不再具备试点条件，共取消了24个增量配电业务改革试点。取消部分试点项目，优化试点项目结构，推动试点项目尽快落地实施，才能够真正实现“边试边改”的改革思路，发挥试点的示范性作用。

2 现货市场建设成为电力市场建设“主旋律”

市场主体范围和交易规模不断扩大

2019年1月—9月，全国完成市场化交易电量18741亿千瓦时，同比增长31.2%，占全社会用电量的35.1%（占经营性行业用电量的63.3%），其中电力直接交易14994亿千瓦时，同比增长29.2%，平均降幅为3.36分/千瓦时，减少电力用户购电支出504亿元；其他市场化交易3747亿千瓦时，同比增长39.6%。

中长期市场交易机制和品种不断完善

中长期交易周期多样化，当前已经形成了“年度交易为主、月度交易为辅，逐步引入日前市场”的市场模式。部分省份根据本省自身电力供需形势和市场交易情况，设计并实施了相应的市场交易品种，旨在达到充分调动主体市场交易积极性和新能源消纳等目标。

电力现货试点地区陆续进入结算试运行

南方（以广东起步）、蒙西、浙江、山西、山东、福建、四川、甘肃第一批8个现货市场试点，已在2019年全部进入结算试运行阶段。2019年12月，8个试点陆续开展了按周结算试运行，标志着我国现货市场建设取得了重要的阶段性成果，为试点地区现货市场正式运行以及其他省份现货市场建设提供了重要的实践依据。

3 进一步推进电力交易独立规范运行

为贯彻落实 2018 年中央经济工作会议精神，进一步营造公平、公开、透明的市场交易环境，2019 年国家发展改革委、国家能源局全力推动电力交易机构独立规范运行，对交易机构业务范围、规则制定、发挥市场管理委员会作用以及“人、财、物”独立等关键问题予以明确，同时推动电力交易机构业务融合，进一步打破跨省跨区交易壁垒，更好地发挥市场化交易对资源优化配置的决定性作用。

4 输配电价体系进一步完善

结合 2017 — 2019 年输配电价监管周期中的工作经验、存在的问题以及新一个监管周期内可能面临的内外部环境变化，2019 年国家发展改革委、国家能源局联合印发了《输配电定价成本监审办法》，对 2015 年出台的《输配电定价成本监审办法（试行）》进行了修订。

输配电定价成本进一步细化

作为核定省级电网、区域电网、跨省跨区专项工程输配电价的政策和理论依据，2019 年印发的《输配电定价成本监审办法》在成本归集分类上更为细致，对不计入输配电价的成本费用也进行了进一步的细化。尤其是在电网企业从事的市场化业务所产生的成本费用核算上，坚持了发挥电网公共事业属性，不与民争的原则，也保证电力体制各项改革任务协同推进。

省级和区域电网输配电价定价办法即将出台

省级和区域电网输配电价定价办法将进一步提升输配电价核定的规范性、合理性，继续深化电价改革。办法主要加强了对企业的合理约束、优化核价范围和电价结构，并且建立了准许收入的平衡调整机制，从而更好地发挥输配电价在合理优化电网投资方面的指导性作用。

5 售电市场发展进入新阶段

售电公司数量趋于平稳

截止到2019年10月，全国已在各电力交易中心公示注册的售电公司共计4474家（国网范围内3551家、南网范围内801家、蒙西122家）。当年广东参与市场交易的售电公司为128家。浙江省则首次准入76家售电企业进入批发市场参与中长期市场交易。

现货市场环境下售电公司“转型”成为必然

随着“现货+中长期”电力市场体系的建设，通过发电企业让利形成的“价差传导”模式将逐渐消失，售电公司需要通过优化代理用户结构以及现货与中长期市场参与策略等专业化经营策略来保证盈利空间、降低经营风险，因此，从“营销导向”向“技术导向”的转型是售电公司当前阶段发展的必然，售电市场也将完成从“蓝海”向“红海”的转变。

6 煤电电价机制改革

为坚持市场化方向，进一步深化燃煤发电上网电价形成机制改革，平稳有序放开竞争性环节电力价格，2019 年 10 月，国家发展和改革委员会出台《关于深化燃煤发电上网电价形成机制改革的指导意见》(以下简称《意见》)。

电力系统调节能力提升

- 定价机制：2020年1月1日起，燃煤标杆上网电价机制改为“基准价+上下浮动”的市场化价格机制，基准价按各地现行燃煤发电标杆上网电价确定，浮动幅度范围为上浮不超过10%、下浮原则上不超过15%。
- 调整机制：国家发展改革委适时对基准价和浮动范围进行调整。2020年电价暂不上浮。
- 用户价格水平发生变化：
  - 现执行标杆上网电价的燃煤发电电量中，具备市场交易条件的，上网电价由市场化方式在“基准价+上下浮动”范围内形成，并以年度合同为主确定，2020年价格水平降低
- 以下用户价格水平不受影响：
  - 仍按基准价执行－暂不具备市场交易条件或没有参与市场交易的工商业用户用电对应的电量
  - 仍按基准价执行－燃煤发电电量中居民、农业用户用电对应的电量
  - 按现行市场化规则执行－已按市场化交易规则形成上网电价的燃煤发电电量
- 机制改革后，现行煤电价格联动机制不再执行

价格衔接

- 可再生电力：原先参考燃煤发电上网标杆电价的，改为参考基准价。
- 核电新投产机组：
  - 所在地燃煤发电基准价高于全国核电标杆上网电价（0.43元/千瓦时）的，上网电价0.43元/千瓦时
  - 所在地燃煤发电基准价低于0.43元/千瓦时的，上网电价执行所在地燃煤发电基准价
- 气电：各地在核定燃气发电上网电价时，最高电价不得超过当地燃煤发电基准价0.35元/千瓦时。
- 跨省跨区送电：原参考受电省份燃煤发电标杆上网电价的，改为参考受电省份燃煤发电基准价。

政策影响

《意见》的实施，将对电力体制改革、电力市场发展、行业上下游的发展和降低用户用电成本等多个领域产生广泛积极的影响。新的燃煤发电上网电价形成机制可以有效反映电力供求变化，促进电力资源进一步优化配置。具备条件的市场交易条件的双方通过市场化方式形成上网电价，将显著增大市场交易主体数量、拓展市场交易规模，为电力交易市场规范发展、售电公司加快发展创造巨大空间。同时，《意见》考虑到各地情况差异较大，明确短期内暂不具备市场交易条件的电量仍可按基准价执行，有利于保障行业上下游平稳运行。2020 年电价暂不上浮，将有利于充分发挥市场机制作用，更好发挥政府调控作用，进一步降低企业用电成本。

5.3 其他能源政策

1 促进非常规天然气开发

2019年6月20日财政部发布，关于《可再生能源发展专项资金管理暂行办法》的补充通知，可再生能源发展专项资金支持煤层气（煤矿瓦斯）、页岩气、致密气等非常规天然气开采利用。2018年，补贴标准为0.3元/立方米。自2019年起，不再按定额标准进行补贴。按照“多增多补”的原则，对超过上年开采利用量的，按照超额程度给予梯级奖补；相应，对未达到上年开采利用量的，按照未达标程度扣减奖补资金。同时，对取暖季生产的非常规天然气增量部分，给予超额系数折算，体现“冬增冬补”。

计入奖补范围的非常规天然气开采利用量确定方式：

非常规天然气开采利用量

＝页岩气开采利用量＋煤层气开采利用量×1.2

＋（当年致密气开采利用量－2017年致开利用量采密气）

奖补资金计算公式：

某地（中央企业）当年补助资金

＝当年非常规天然气奖补资金总额× $\dfrac{\text{某地（中央企业）当年奖补气量}}{\text{全国当年奖补气量}}$

某地（中央企业）当年奖补气量

＝上年开采利用量＋（当年取暖季开采利用量－上年取暖季开采利用量）

×1.5＋（当年开采利用量－上年开采利用量）×对应的分配系数

奖补资金分配系数确定方法

增产或减产幅度	分配系数
与上年产量相比增减0~5%	1.25
与上年产量相比增减5%~10%	1.5
与上年产量相比增减10%~20%	1.75
与上年产量相比增减20%以上	2

2 化解淘汰过剩落后产能

2019年煤炭、煤电化解过剩产能相关工作安排

着力巩固去产能成果

全面开展巩固煤炭去产能成果专项督查抽查，对2016－2018年去产能项目实施“回头看”。

依法依规做好违规建设煤电项目的清理整顿工作。

尚未完成煤炭去产能目标的地区和中央企业，在2020年年底前完成任务。

继续大力淘汰关停不达标落后煤电机组。

坚持上大压小、增优减劣，着力提升煤炭供给质量

对灾害严重煤矿、产能30万吨/年以下煤矿、与自然保护区、风景名胜区、饮用水水源保护区重叠煤矿加快分类处置，坚决退出达不到安全环保要求的煤矿。

积极稳妥推进煤电优化升级

严格控制新增产能

严格落实产能置换方案，督促去产能煤矿按规定时间退出或核减产能，确保指标交易收入优先用于去产能职工安置。

深入推动兼并重组、优化布局和转型升级

在煤炭、电力行业培育一批具有较强国际竞争力的大型企业集团。促进煤钢传统产业与新经济、新产业、新业态协同发展，形成新的经济增长点，推动产业转型升级。

建立健全促进行业健康发展的长效机制

煤电规划建设风险预警

2019 年，国家能源局发布 2022 年度煤电规划建设风险预警，与 2021 年预警情况相比，煤电装机充裕度预警为红色的地区由 15 个降至 8 个，黄色地区由 5 个下降至 2 个，近年来化解煤电过剩产能效果显著。

2022年煤电规划建设风险预警情况

预警较上年发生变化的省份（地区）

省份（地区）	2021年	2022年
天津	红色	绿色
蒙西	红色	绿色
冀北	红色	绿色
青海	红色	绿色
重庆	红色	绿色
云南	红色	绿色
广西	红色	绿色
福建	红色	绿色
河南	黄色	绿色
广东	黄色	绿色
四川	黄色	绿色

进一步淘汰煤电落后产能 促进煤电行业优化升级

2019 年 4 月，国家发展改革委、国家能源局印发《关于深入推进供给侧结构性改革 进一步淘汰煤电落后产能 促进煤电行业优化升级的意见》。

七类淘汰关停燃煤机组

- 以下不具备供热改造条件的机组。单机5万千瓦及以下的纯凝煤电机组；大电网覆盖范围内，单机10万千瓦及以下的纯凝煤电机组；大电网覆盖范围内，单机20万千瓦级及以下设计寿命期满的纯凝煤电机组。
- 设计寿命期满，且不具备延寿条件的现役30万千瓦级纯凝煤电机组。
- 不实施改造或改造后供电煤耗仍达不到《常规燃煤发电机组单位产品能源消耗限额》（GB21258-2017）、《热电联产单位产品能源消耗限额》（GB35574-2017）要求的煤电机组。
- 不实施改造或改造后污染物排放不符合国家环保要求的煤电机组。
- 不实施改造或改造后水耗不符合国家标准要求的煤电机组。
- 《打赢蓝天保卫战三年行动计划》明确的重点区域范围内30万千瓦及以上热电联产机组供热半径15公里范围内的落后燃煤小热电机组。
- 有关法律、法规及标准等要求应予关停或国务院有关部门明确要求关停的机组。

淘汰关停指标配套政策措施

- “十三五”期间淘汰关停的落后煤电机组容量指标，可通过交易方式用于需通过等量替代建设的煤电项目。
- 有条件的地区，可按照等容量替代原则，落实关停容量指标后有序发展天然气调峰电站。
- 对于无法全额落实关停容量指标的项目，缺额部分可利用平价风电光伏容量替代。
- 鼓励煤电规划建设风险预警等级为红色的省份实施减容量替代规划新建煤电项目，减容量替代煤电项目优先纳入国家电力建设规划。
- 等容量替代规划新建的民生热电项目、电力扶贫项目优先纳入国家电力建设规划。
- 列入关停计划且不参与等容量替代的煤电机组，关停后可享受最多不超过5年的发电权，并可通过发电权交易转让获得一定经济补偿。
- 煤电机组关停拆除后的用地，可依法转让或由地方政府收回，也可在符合城乡规划的前提下转产发展第三产业。

3 风电光伏预警和评价

2019 年，国家能源局发布了 2019 年度风电投资监测预警结果和 2018 年光伏发电市场环境检测评价结果。与上一年相比，全国风电投资和光伏发电市场环境情况整体有所改善。

2019年风电投资监测预警结果

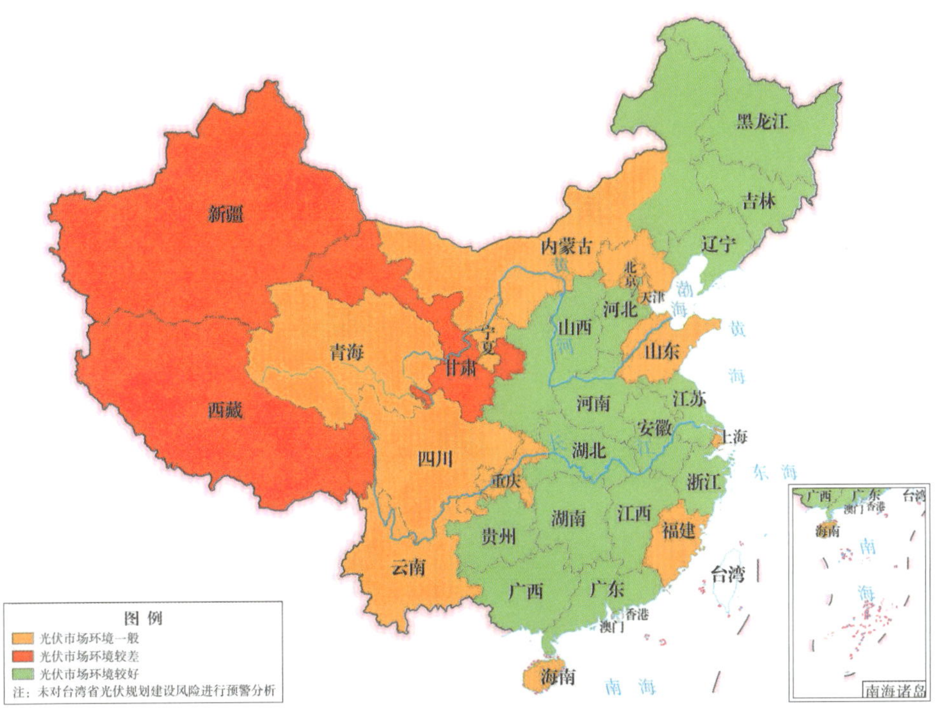

2018年光伏发电市场环境监测评估结果

4 可再生能源消纳保障机制

《国家发展改革委 国家能源局关于建立健全可再生能源电力消纳保障机制的通知》（发改能源〔2019〕807 号）

政策背景：

近年来，我国风电、光伏发电以及水电等可再生能源快速发展。在加快可再生能源开发利用的同时，水电、风电、光伏发电的送出和消纳问题开始显现，迫切需要建立促进可再生能源电力发展和消纳的长效机制。

政策目标：

确定各省级区域的可再生能源电力消纳责任权重，旨在建立促进可再生能源持续健康发展的长效机制，激励全社会加大开发利用可再生能源的力度。

主要内容

01 责任权重

由国务院能源主管部门按省级行政区域确定消纳责任权重，包括总量消纳责任权重和非水电消纳责任权重。对以上两类权重，分别按年度设定最低消纳责任权重和激励性消纳责任权重。

02 实施主体

各省级能源主管部门牵头承担落实责任，组织制定本省级区域的实施方案。售电企业和电力用户协同承担消纳责任。电网企业负责组织实施经营区内的落实工作。各市场主体通过实际消纳可再生能源电量或购买替代量等方式，完成相应的消纳量。

03 监测考核

省级能源主管部门对各市场主体进行考核，对未履行消纳责任的市场主体督促整改，对不按要求进行整改的市场主体，依规列入不良信用记录，纳入失信联合惩戒。国家按省级行政区域进行监测评价，按年度公布监测评价报告，作为对其能耗“双控”考核的依据。

04 实施进度

2019年模拟运行及试考核。自2020年起进行监测评价和正式考核。

5 风电光伏补贴力度持续退坡

相关政策：《国家能源局关于 2019 年风电、光伏发电项目建设有关事项的通知》（发改能源〔2019〕807 号）

政策背景：

- 随着发展规模持续扩大、技术水平快速进步，新能源开发利用成本持续降低，为国家财政补贴退坡创造了有利条件。
- 2019年1月，国家发展改革委、国家能源局联合印发《关于积极推进风电、光伏发电无补贴平价上网有关工作的通知》，在具备条件的地区推动建设平价上网项目。

政策目标：

进一步完善新能源竞争性配置市场机制，推动行业早日摆脱补贴依赖，实现高质量发展。

整体思路

积极推进平价上网项目建设

先开展一批平价上网项目建设，再开展需国家补贴项目的竞争配置工作，优先推进平价上网项目建设。

严格规范补贴项目竞争配置

需要国家补贴的项目必须竞争配置。竞争配置工作方案应将上网电价作为重要条件，优先建设补贴强度低、退坡力度大的项目。

全面落实电力送出和消纳条件

新建项目必须以电网具备消纳能力为前提，避免出现新的弃风弃光问题。在同等条件下，优先保障平价上网项目送出和消纳。

优化投资建设营商环境

省级能源主管部门要对拟建风电、光伏发电项目的土地使用条件以及税费等非技术成本降低的落实情况进行核实。

6 促进储能产业发展

为落实好《关于促进储能技术与产业发展的指导意见》，进一步推进我国储能技术与产业健康发展，支撑清洁低碳、安全高效能源体系建设和能源高质量发展。2019 年 7 月，国家发展改革委等四部委联合制定印发《贯彻落实〈关于促进储能技术与产业发展的指导意见〉2019－2020 年行动计划》。

《计划》主要包括六方面工作：

一、加强先进储能技术研发和智能制造升级

- 加强先进储能技术研发。集中攻克瓶颈技术，使我国储能技术在未来5－10年甚至更长时期内处于国际领先水平，形成新的具有核心竞争力的产业链。
- 加大储能项目研发实验验证力度。重点推进大容量压缩空气储能等重大先进技术项目建设，推动百兆瓦压缩空气储能项目实验验证示范。
- 继续推动储能产业智能升级和储能装备的首台（套）应用推广。支持符合条件的储能装备申请享受首台（套）重大技术装备保险补偿政策。
- 提升储能安全保障能力建设。在电源侧研究采用响应速度快、稳定性高、具备随时启动能力的储能系统。在电网侧研究采用大容量、响应速度快的储能技术。

二、完善落实促进储能技术与产业发展政策

- 进一步建立完善峰谷电价政策，探索建立储能容量电费机制，推动储能参与电力市场交易获得合理补偿。
- 明确电网侧储能规划建设原则，研究项目投资回收机制。
- 建立储能项目备案制。

三、推进抽水蓄能发展

- 根据各省实际情况，完成新疆、山东等省份抽蓄电站选点规划调整。
- 明确2025水平年抽水蓄能规划调整推荐站点。

四、推进储能项目示范和应用

- 组织首批储能示范项目。推动储能在大规模可再生能源消纳、分布式发电、微网、用户侧、电力系统灵活性、电力市场建设和能源互联网等领域的示范应用。
- 积极推动储能国家电力示范项目建设：大连液流储能电站、江苏压缩空气储能电站和甘肃网域大规模电池储能电站。
- 探讨储能与分布式发电相结合，建设分布式能源系统，实现可再生能源就地就近消纳利用。
- 鼓励实施可再生能源+储能项目。
- 研究探索信息技术、人工智能等前沿科技与可再生能源、储能领域的融合。
- 引导和支持开展与集中式新能源发电协调的储能技术推广应用。
- 开展储能保障电力系统安全示范工程建设。
- 推动储能设施参与电力辅助服务市场。

五、推进新能源汽车动力电池储能化应用

- 开展充电设施与电网互动研究。2020年，研究开展试点示范等相关工作。
- 完善储能相关基础设施。持续推进停车充电一体化建设。

六、加强推进储能标准化

- 完善储能标准体系建设

7 促进生物质天然气发展

为加快生物质天然气产业化发展。2019 年 12 月，国家发展和改革委员会等部委联合出台《关于促进生物天然气产业化发展的指导意见》。

生物质天然气是以农作物秸秆、畜禽粪污、餐厨垃圾、农副产品加工废水等各类城乡有机废弃物为原料，经厌氧发酵和净化提纯产生的绿色低碳清洁可再生的天然气，同时厌氧发酵过程中产生的沼渣沼液可生产有机肥。

发展目标

- **2025年：**年产量超过100亿立方米。
- **2030年：**年产量超过200亿立方米。

发展任务

- **加强规划指导：**编制全国、省级、地市或县级规划（开发建设方案），融入能源、可再生能源和天然气发展战略、规划及天然气产供储销体系。
- **指导大型能源企业编制发展规划：**面向全国规划布局工业化项目。
- **加快生物天然气工业化商业化开发建设：**实施分布式商业化开发建设和专业化企业化投资建设管理，推进生物天然气技术进步，加强生物天然气标准化建设，培育创新商业化模式，加快形成现代化新兴工业。
- **建立健全生物天然气产业体系。**

保障措施

- 将生物天然气纳入能源管理体系。
- 制定生物天然气优先利用政策措施。
- 落实相关的土地、税收、电价等优惠政策等。

政策意义

发展生物天然气有利于增加天然气供应，增强能源安全保障水平，生物天然气将成为化石天然气的重要补充，有利于增加国内天然气供应，降低进口依存度。同时，发展生物质天然气将加快散烧煤替代，实现有机废弃物规模化处理，保护生态环境，发展工业化高品质有机肥，助力生态循环农业，促进生物质能开发利用转型升级，推动新能源利用从发电向燃气领域扩展延伸。

INTERNATIONAL COOPERATION

06

国际合作篇

2019年，我国在全球能源治理中的影响力进一步提升，建立发展“一带一路”能源合作伙伴关系，主动宣传我国能源发展政策，推进全球能源治理变革。政府间能源合作务实开展。国内外能源项目合作持续推进，中俄天然气管道东线项目建成投产，海外权益油气产量再创新高；火电、电网和可再生能源项目取得积极进展。

6.1 国际能源治理

1 推动建立“一带一路”能源合作伙伴关系

2019年4月25日，包括中国在内的30个国家在北京共同成立“一带一路”能源合作伙伴关系，伙伴关系正式纳入《第二届“一带一路”国际合作高峰论坛圆桌峰会联合公报》。成立仪式期间，伙伴关系成员国共同对外发布《“一带一路”能源合作伙伴关系合作原则与务实行动》。

2 召开首届“一带一路”能源合作伙伴关系论坛

2019年12月18日—20日，“一带一路”能源合作伙伴关系论坛在北京市召开。此次会议由国家能源局主办，电力规划设计总院承办。国家能源局副局长刘宝华出席会议。本次论坛为期3天，包括开幕式、高端对话、主旨报告、项目推介以及项目参观等环节。伙伴关系各成员国在论坛上介绍了本国潜在清洁能源合作项目，各国企业展示了自身优势，并介绍未来开展能源合作的商业计划。会议代表团还参观了国家电投智慧能源信息平台以及电规总院全国新能源电力消纳监测预警平台。来自中国及18个国家的能源主管部门、能源电力企业、研究院所、金融机构等270余名代表参加了本次论坛。

3 积极参与多边框架下能源合作

参加世界经济论坛、柏林能源转型对话、第二十四届世界能源大会、第八届亚洲能源部长圆桌会议、国际氢能会议、国际可再生能源大会、联合国亚太经社会（UNESCAP）能源委员会会议和能源互联互通专家工作组会议、G20 能源转型工作组会议及能源部长会、东盟 +3 暨东亚峰会能源部长会、金砖国家能源部长会等重要国际多边会议，正面积极宣传中国能源发展政策和我国为推动全球能源加速转型发挥的重要作用。

4 召开 2019 年太原能源低碳发展论坛

2019 年 10 月 22 日— 24 日，2019 年太原能源低碳发展论坛在山西省太原市召开。习近平总书记向会议召开致以贺信。国务院副总理韩正出席论坛开幕式。本次论坛的主题是“能源革命，国际合作”，论坛包括 1 场开幕式暨高峰论坛、1 个世界能源革命展、6 场分论坛，期间国内外有关机构还将开展一系列经贸、投资、交流活动。共有来自 20 余国和多个国际组织 800 余位代表出席本次论坛。

6.2 政府间能源交流合作

1 中国－俄罗斯能源合作

2019 年 6 月 6 日至 7 日，第二届中俄能源商务论坛在俄罗斯圣彼得堡市举行。论坛主题为“促进中俄能源领域上中下游全产业链合作”。论坛框架下举办了金融、油气和电力分论坛，各参会代表就两国能源合作中的关键问题进行了详细探讨，包括融资助力能源一体化合作、北极能源项目开发、智慧绿色能源合作、推进能源领域科技创新、积极发展数字化能源技术等。论坛框架内两国企业举行了 20 余场双边会谈，签署了 18 项成果文件。

举办中俄能源商务论坛是两国元首达成的共识。2019 年 6 月 5 日，在两国元首的共同见证下，中国国家能源局局长章建华与俄罗斯总统能源发展战略和生态安全委员会执行秘书长、俄罗斯石油公司总裁谢钦签署交换了《中俄能源商务论坛章程》，确定论坛为面向中俄两国能源及相关行业企业、金融机构、协会、科研机构、智库等双边开放性、机制性交流平台，由中国石油天然气集团有限公司和俄石油公司联合主办，原则上每年举办一次，在中俄两国轮流举办。双方商定，第三届中俄能源商务论坛将在中国举办。

2 中国－阿根廷能源合作

2019 年 4 月，国家能源局局长章建华出访阿根廷，与阿根廷财政部长杜耶夫尼进行了会谈，推动双方在核电、油气和新能源领域合作，并签署了《中华人民共和国国家能源局与阿根廷共和国财政部关于和平利用核能领域投资合作的合作意向》。

3 第六届中－印尼能源论坛

2019 年 7 月 8 日，第六届中－印尼能源论坛在北京举行。来自中国和印度尼西亚能源主管部门的政府官员、能源行业研究机构和企业代表等共约 130 人参加了论坛。论坛分为电力和可再生能源、油气和煤炭两部分。中印尼双方代表分享了两国在电力、可再生能源、煤炭、石油天然气等领域的先进技术、合作现状及未来合作潜力，并就一些共同关心的问题进行了热烈的讨论和交流，论坛取得了预期的成果。

中－印尼能源论坛机制建立于 2002 年，在两国政府领导人的倡议下成立。论坛对促进两国政府间能源政策交流、企业间能源项目推动等具有重要意义。

6.3 国内外能源合作项目

1 油气项目合作

海外油气权益产量达到 2.1 亿吨

2019 年，我国石油企业海外权益产量达到 2.1 亿吨油当量，同比增长 3.6%，其中权益油气产量分别达到 1.67 亿吨和 540 亿立方米。中石油海外油气权益当量产量首次达到 1 亿吨。在国家“一带一路”倡议大背景下，我国石油企业在沿线国家油气净产量占比大幅增加，不断取得新的成就，为国家能源安全提供了坚实的保障。

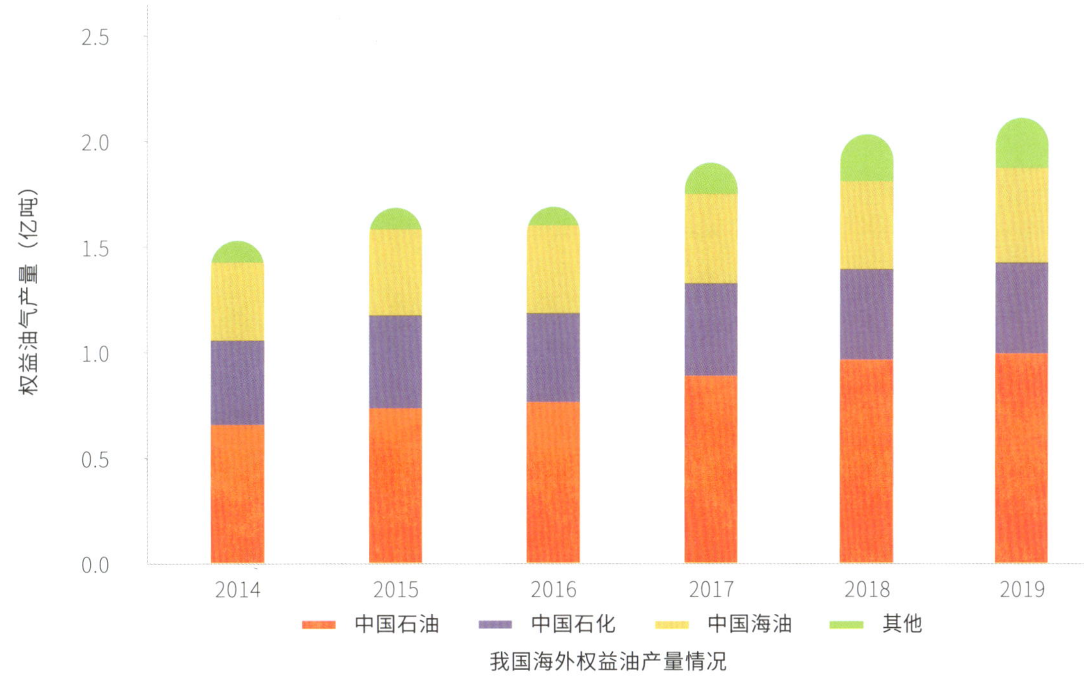

我国海外权益油产量情况

油气海外投资继续扩大

国有油气企业扎实推进海外油气高质量发展，持续优化存量项目，努力提质增效。2019 年，中国石油企业新增项目初始计划投资超过 54 亿美元，是上年的 4 倍多。其中，中石油和中海油投资的北极 LNG 2、巴西深水布兹奥斯（Buzios）、巴西阿兰姆（Aram）等项目均为优化资产布局的大型项目。民营企业海外合作也取得新进展。恒逸石化在文莱投资建设的综合炼化项目一期投产，标志着中国民营企业海外合作能力和规模达到新水平。

中俄东线天然气管道建成投产

2019 年 12 月，横跨中俄两国的能源大动脉——中俄东线天然气管道投产通气。国家主席习近平和俄罗斯总统普京视频连线，共同见证中俄东线天然气管道投产通气仪式。中俄东线天然气管道是目前世界单管输气量最大的长输天然气管道工程，起自俄罗斯东西伯利亚科维克金和恰扬金气田，由布拉戈维申斯克进入我国黑龙江省黑河。俄罗斯境内管道全长约 3000 公里，我国境内段新建管道 3371 公里，利用已建管道 1740 公里，设计年输量 380 亿立方米。在我国境内，管道途经黑龙江、吉林、内蒙古、辽宁、河北、天津、山东、江苏、上海 9 个省区市。中俄东线天然气管道将与我国现有区域输气管网互联互通，向沿线地区稳定供应天然气资源。中俄东线天然气管道投产通气，在增强我国天然气资源保障能力的同时，在我国天然气整体流向“自西向东”的基础上，增加了“北气南下”流向，进一步完善了我国东部地区的天然气管网布局，与东北管网系统、陕京系统、西气东输系统互联互通，共同组成纵贯南北、横跨东西、连接海外的天然气管网格局，对于保障我国能源安全意义重大。

油气行业扩大开放对外合作再上新台阶

2019 年随着中国市场的扩大开放，外资在油气上中下游领域继续扩大投资。

在上游，中海油与 9 家国际公司签订了海上合作协议。中国石油国内油气对外合作项目继 2018 年产量首次突破千万吨后，2019 年达 1072 万吨油当量，增幅 6%。一揽子解决川东北项目商务问题，中方平稳接管项目一期作业权。解决外方气价调整诉求，提高了外方加大投资的积极性。把握政策红利，抓住对外合作项目总体开发方案审批改备案的有利时机，长北二期等 6 个项目获得备案，创历史之最。赵东项目成功签署生产期延期协议，新投产的 14 口井中有 12 口井初期日产超百吨；长北项目连续 12 年天然气年产量超 30 亿立方米；苏里格南项目具备日产 1000 万立方米供气能力。

在中下游，埃克森美孚、巴斯夫在广东惠州和湛江大石化项目分别落地或开建，沙特阿美在辽宁、浙江、福建等地也有华锦石化等一批合资项目签约落地，BP 启动了在华进一步独资或合资建 1000 座加油站的计划，目前已与山东东明石化签订了建 500 座加油站协议等。

2 火电和电网项目合作

巴基斯坦中电胡布燃煤发电项目举行商用仪式

2019 年 10 月 21 日，巴基斯坦中电胡布 2×66 万千瓦燃煤电站项目商用仪式在巴基斯坦西南部俾路支省胡布地区举行。该项目是“中巴经济走廊”能源项下优先实施项目。项目总投资约 19.95 亿美元，于 2017 年 3 月正式开工。项目启用后每年可为巴基斯坦提供 90 亿千瓦时电力，满足 400 万家庭用电需求，助力巴基斯坦经济发展。

百万千瓦级火电机组落户印尼

2019 年 12 月 13 日，国家能源集团百万千瓦级火电机组——国华印尼爪哇 7 号燃煤发电工程 1 号机组投产，这是中国企业海外投资建设单机容量最大、并拥有自主知识产权的燃煤机组，同时也是中国首台“走出去”百万千瓦级高效清洁环保煤电机组。作为首台“走出去”百万千瓦级高效清洁火电机组，国家能源集团国华印尼爪哇 7 号燃煤发电工程 1 号机组的投产，不只意味着“海上丝路”再添能源新地标，而且还标志着继高铁、核电、特高压之后，高效清洁煤电已成为中国企业“走出去”又一张“国家名片”。

巴西美丽山水电特高压输电二期项目投入商业运行

2019 年 10 月 25 日，作为中国企业在海外独立投资、建设和运维的首个特高压输电项目，巴西美丽山水电 ±800 千伏特高压输电二期项目正式投入商业运行。项目输送容量 4000 兆瓦，输电线路总长度约 2539 公里，是目前世界上输送距离最长的 ±800 千伏特高压直流输电工程。美丽山二期项目安全、高质量投运有效解决了巴西北部亚马孙流域清洁水电外送和消纳的难题，有力支持和服务巴西经济社会发展，为巴西能源安全稳定供应贡献了中国方案。

3 可再生能源项目合作

巴基斯坦尼鲁姆·杰鲁姆水电站投入运营

2019 年 9 月 18 日，巴基斯坦尼勒姆 - 杰勒姆 (NJ) 水电站项目最后一台机组移交证书顺利签署，标志着 NJ 水电站主体工程全部移交。巴基斯坦 NJ 水电站是中国目前最大的境外水电工程，也是巴基斯坦历史上合同金额最大的工程项目，被誉为巴基斯坦的“三峡工程”。项目业主为巴基斯坦水电开发署（WAPDA），由葛洲坝集团和中国机械设备进出口公司组成联合体中标承建。项目于 2008 年开工，为长隧洞引水式水电站，电站四台机组，总装机容量 969MW。该工程建成投产后产生的清洁水电能源将输入巴基斯坦国家电网，对于缓解巴基斯坦国内电力短缺、平抑电价、改善民生将产生积极意义。

2019 年 6 月 24 日，中国广核集团与意大利国家电力公司在巴西圣保罗签署 Gamma 新能源项目股权交割确认书，并揭牌成立中广核巴西能源控股有限公司，标志着中广核开始进入南美清洁能源市场。Gamma 新能源项目位于巴西东北部皮奥伊州和巴伊亚州，项目交易金额约合 6.8 亿美元，于 2017 年下半年投产，总装机规模达 54 万千瓦，包括在运的太阳能及风电项目。

黑山莫祖拉风电站项目投入试运营

2019 年 4 月 25 日，在黑山共和国南部港口城市巴尔的莫祖拉山山脊上，总装机容量 46 兆瓦的莫祖拉风电站投入试运营。该项目是由中国国家电力投资集团所属上海电力股份有限公司与马耳他政府携手在第三方市场共建的新能源建设项目。按计划，莫祖拉风电站年发电量占黑山全国发电总量的 5%，将主要满足巴尔和乌尔齐尼两座城市的用电需求，每年可为黑山减少 3000 吨二氧化碳的排放量，具有重要意义。

中企投资匈牙利光伏电站项目开工

由中国机械进出口（集团）有限公司投资兴建的匈牙利考波什堡 100 兆瓦光伏电站项目 6 月 17 日在考波什堡市举行开工仪式。考波什堡光伏电站项目是在“一带一路”框架下开展实施的务实合作项目，也是中匈两国加强生态环保、绿色发展领域交流合作的重点项目之一，该光伏电站建成后将对维护匈牙利国家能源安全具有重要意义。

中国能建签约希腊 MINOS 50MW 光热发电项目

当地时间 2019 年 11 月 11 日，希腊 MINOS 50MW 光热发电项目多边合作协议成功签署。中国能建、中国工商银行、英国 Nur Energie 公司和希腊 PRENECON 公司分别代表项目 EPC 联营体牵头方、项目融资方、项目开发商和属地合作方在协议上签字。这是国际多边合作及中国 - 中东欧“17+1”能源合作的重要成果，将为推动共建“一带一路”高质量发展注入新动力。

该项目位于希腊克里特岛，装机规模为一座 50MW 塔式熔盐太阳能光热发电站，储能发电为 5 小时，提供克里特岛所需 10% 的电力供应；并将大幅提高当地清洁能源比例，保护岛内生态环境与旅游资源。项目建设期间，还将有效带动当地就业，促进光热产业上下游发展。

该项目由中国工商银行牵头安排中、希及区域性多边金融机构融资，由中国企业联合希腊、英国等国企业开发、建设、运营，总投资约 2.9 亿欧元。该项目的联合开发，开创了中西方金融机构及企业在希腊第三方市场合作的范例，并作为国际多边友好合作机制典型项目，成功入选《中希两国三年合作计划》《中英两国合作开发第三方市场》等多个政府间框架合作协议。

INSIGHTS

07 行动展望篇

2020 年处于两个百年战略目标交汇期，应承前启后、谋划能源长远发展。疫情之下，应加强疫情分析研判，积极应对挑战。应发挥煤炭托底保障作用，提高油气和电力安全保障能力。用系统性措施，壮大清洁能源产业。继续把握能源科技创新趋势，促进能源高质量发展。增强普遍服务能力，实现能源惠民利民。继续积极拓展国际能源合作的广度和深度。

7.1 加强疫情分析研判，积极主动应对挑战

2020 年是全面建成小康社会和“十三五”规划收官之年，是实现第一个百年奋斗目标的关键之年。新冠肺炎疫情骤然袭来，直接影响了我国和全球的经济发展和社会生活，能源行业作为攸关国计民生的基础性行业势必受到影响。经过全国上下艰苦努力，我国疫情防控形势持续向好，生产生活秩序正在加快恢复。但全球新冠肺炎疫情短期内不会结束，其引发的危机及次生危机正影响着全球的政治生态、经济形势和社会秩序。未来一段时间，能源工作都将面临极其复杂的局面和更加严峻的挑战。

为做好 2020 年和“十四五”期间能源工作，需要加强对疫情影响的分析，把问题挑战分析透、把发展机遇研判准，更好发挥能源行业保供应和促发展的作用。

1 — 加强疫情对能源发展影响的分析。疫情造成的影响因素多、变数大，国际疫情对我国经济的短期影响与预判有较大出入，例如 4 月份与 5 月份出口数据明显好于预判。分析疫情期间能源行业发展动态不仅需要考虑疫情对经济的影响，还需要考虑疫情对国际政治的影响，预判难度大，需要随着形势发展不断更新认识。在研判能源供需形势和安全运行状况的基础上，研究解决重大问题，制定相应对策。

2 — 做好后疫情时代能源发展趋势研究。席卷全球的新冠疫情加速了“百年未有之大变局”的演进，世界政治经济形势发生剧烈变动，全球产业链、价值链和供应链受到巨大冲击，未来世界格局和能源格局都将发生重大变化。疫情将对我国“十四五”发展环境产生影响，甚至会延续到“十五五”，疫情分析是长期工作，需要持续关注。应不断更新对“十四五”和未来长期能源发展环境的认识，做好“十四五”能源规划编制和长期能源战略研究，为中长期能源发展指明方向。

7.2 多措并举，保障能源安全

当前，我国油气进口量还处于不断上升态势，获取能源的难度和不确定性持续增加，保障能源供给安全仍是 2020 年和“十四五”能源发展的基本要求，应重点关注以下几点：

1 — 做好油气安全保障。在供给侧，要继续加大油气勘探开发力度，实现增储上产，力争原油产量尽快恢复到 2 亿吨以上；加快致密气、页岩气和煤层气等非常规天然气的开发，提高国内天然气产量。在消费侧，要加快成品油替代，在公务车、出租车、公交车、城市物流等公共领域推广新能源汽车，加强充换电基础设施建设，提高消费者在用车过程中的便利性；有序扩大天然气利用规模，优化天然气利用方式，发挥天然气对调整能源结构和提高系统效率的关键作用。在储备方面，要提高油气储备能力，利用低油价窗口扩大石油储备规模，建立以地下储气库和沿海 LNG 接收站为主的多层次储气系统。

2 — 发挥煤炭的“压舱石”和煤电的托底保障作用，立足我国资源禀赋特点，充分发挥煤炭基础性保障作用，淘汰落后产能煤矿，有序核准新建先进产能大型煤矿，推进煤矿智能化发展和安全绿色开发。建立煤电项目储备库，并按照实际需要，合理安排煤电投产规模和时序。

3 — 提高电力系统安全保障能力。合理确定应急调峰储备电源，提高电力系统调峰能力，构建清晰合理的电网结构，加强城乡配电网建设，加快实现关键技术装备和控制系统国产化，提升电力系统智能化和网络安全水平。

7.3 用系统性措施壮大清洁能源产业

壮大清洁能源产业是党的十九大提出的明确要求，是新一轮工业革命的关键领域，是未来能源发展的主攻方向。清洁能源应能用尽用，创造条件多加利用，要重点关注以下几点：

1 坚定不移发展可再生能源。积极发展风电光伏，合理把握发展规模和节奏，加大竞争配置力度，促进可再生能源持续、快速、健康发展，加快推进陆上风电和光伏发电平价上网。积极稳妥发展水电，推进抽水蓄能电站建设。在可再生能源消纳困难地区，一方面要提高电力系统调节能力，同时也要建立调峰辅助服务市场，在价格机制等方面完善配套措施，调动各方面消纳可再生能源的积极性。

2 在居民生活、工农业生产和交通运输等领域加快加大清洁能源替代，鼓励多用绿色清洁能源，让生产生活模式变“绿”。通过户用光伏、热泵、墙体蓄热等手段，加快打造“低碳建筑”“零碳建筑”。

7.4 把握科技创新趋势，促进能源高质量发展

当前，新一轮能源科技革命正在加速推进，必须牢牢把握科技创新带来的新机遇，补短板、强弱项、增优势，通过技术革新培育壮大能源发展新动能，支撑我国能源高质量发展。2020 年和“十四五”能源科技创新应重点关注以下问题：

1 核心技术是要不来、买不来、讨不来的，必须坚持走自主创新之路，聚焦关键核心技术装备，加快推进自主研发和技术替代，加快推广应用自主技术装备。在能源领域技术装备的短板弱项上下更大功夫，力争早日实现重大突破。要以“凡有必用”的原则，依托能源项目建设，支持首台（套）重大技术装备示范应用。

2 加强前沿技术研究和应用，壮大新动能。要紧跟能源技术发展新趋势，突出前沿引领技术和颠覆性技术创新，研究谋划储能、氢能、核聚变等重大技术突破，争取新一轮能源变革的主动权。积极探索区块链等新兴技术在能源领域的融合应用。

3 构建多种能源形态灵活转换、智能协同的智慧能源系统。因地制宜打造风光水火储氢综合能源基地，通过多能互补集成优化，实现能源稳定供应。针对分布式能源规模化发展的趋势，通过虚拟电厂技术将独立分散的火电、可再生能源电源和储能储氢进行有机整合，统一协调，进一步提升清洁能源消纳能力。研究居民、工业、建筑、交通等领域电能替代与负荷灵活调节技术，运用智能感知、即插即用、数字孪生等技术手段，通过跨行业综合能源服务实现用能高效转换与供需互动。依靠能源数据等新生产要素，加快形成以技术创新、应用创新、模式创新为核心的数字能源经济新模式。

7.5 增强普遍服务能力，实现能源惠民利民

我国能源发展水平地域差异较大，现阶段农村地区天然气管网覆盖率供电可靠率较城市明显偏低，北方地区农村居民还在使用低效炉灶、劣质燃料，非商品能源约占三分之一。“十四五”期间，能源行业还要在乡村振兴和惠民利民方面下大力气，重点关注以下问题：

1 —

加大农村能源基础设施建设，增强能源普遍服务能力。加大财政投入力度，补齐农村能源基础设施短板、推进城乡发展一体化。通过农村新能源开发和智能配电网建设，加快农村绿色电力网络发展，满足新增电器和电动汽车的供电需求，推动农村生活现代化。通过对农村生活垃圾、农林秸秆等废弃物的收集处理，促进农村生物质能开发利用，生产清洁能源和高效有机肥，降低污染，建设美丽乡村。根据资源供应情况，稳步推进“气化乡镇”工程建设。促进农村建筑节能改造和绿色建筑发展，提高农民生活品质。

2 —

继续推进能源精准扶贫工程。2020年是脱贫攻坚的收官之年，要大力推动贫困地区能源资源开发，继续做好光伏扶贫等能源扶贫工程，推动能源资源优势转化为经济社会发展优势。加大革命老区、民族地区、边疆地区和贫困地区大型能源项目开发建设支持力度，共享能源发展福祉。

3 —

促进农村清洁取暖。引导集中型农村清洁供暖项目示范应用推广，加大生物质综合利用、太阳能供暖、地热供暖等新型清洁供暖技术推广应用。支持分散型农村可再生能源公社试点建设，发掘典型地区农村的能源资源优势，合理评估具有丰富资源、经济可行和多方收益的可再生能源品种和技术路线，开展一批分散型农村清洁取暖示范项目。

7.6 拓展国际能源合作广度和深度

疫情再次表明人类是一个休戚与共的命运共同体，但人类命运共同体远不止共防病毒，更多国际事务都需要秉持人类命运共同体理念，加强团结合作。疫情过后，国际政治经济格局可能会发生明显变化，不乏出现西方另行主导国际秩序的可能，并把中国排斥在外。能源是国际合作的重中之重，“十四五”期间需重点关注以下问题：

1 遵循共商共建共享原则，不断拓展国际能源合作的广度和深度。应深化能源基础设施互联互通，推进与周边国家和地区电网互联，加强与俄罗斯、中亚等国油气领域上中下游一体化合作，巩固与俄罗斯、巴基斯坦、英国、土耳其、阿根廷等国的核电合作。

2 积极参与完善既有的多边合作平台和机制，巩固国际能源治理的基本秩序，维护能源治理的多边体系，并发挥“一带一路”能源合作伙伴关系等新平台的作用，向世界分享中国经验，贡献中国智慧。

3 推动能源领域投资便利化。受保护主义和逆全球化思潮影响，能源领域跨国投资面临新的障碍和更加严苛的安全审查制度。应充分发挥多边平台和机制的作用，推动能源领域投资便利化相关议程，凝聚共识，与各国合力维护跨国投资的良性运转，协助发展中国家完善能源发展规划和市场建设，进一步改善投资环境，完善争端处理机制，推动金融机构在绿色能源项目和民生能源项目中发挥更加积极的作用。

4 共同维护全球能源市场稳定。全球油气价格剧烈波动凸显了全球能源贸易和定价规则的局限性，影响到全球经济秩序和各国的经济安全，损害了供需各方的利益。建议发挥G20、APEC、“一带一路”能源合作伙伴关系等多边合作机制的作用，加强与IEA、OPEC等能源国际组织的合作，构建更加富有韧性的能源投资贸易体系；加快上海石油天然气交易中心、上海国际能源交易中心的建设，打造现代化世界级能源交易平台、信息平台和金融平台，将其建设成为辐射东北亚、东南亚地区乃至整个亚太地区的石油天然气贸易枢纽和定价中心。

电力规划设计总院简介

电力规划设计总院（以下简称“电规总院”）的历史可以追溯到1954年成立的电业管理总局设计管理局，是中央编办登记管理的事业单位。2011年起，电规总院由中国能源建设集团有限公司直接管理；2014年5月，组建电力规划总院有限公司，和电力规划设计总院按照“一套人马、两块牌子”原则设置组织机构。

根据服务政府、行业的定位和长远发展需要，电规总院提出了“能源智囊 国家智库”的发展愿景，开启了建设“世界一流能源智库和国际咨询公司”的新征程。电规总院在2020年工作会上提出了全方位加快转型发展的初步思路，聚焦规划研究、全过程工程咨询、大数据和国际化四大业务，并对生产组织机构进行了优化调整。规划研究，将更加聚焦行业发展，包括牵头能源、电力和科技“十四五”三个规划研究。工程咨询将全力向全过程工程咨询转型。成立了大数据中心，在我们已有平台基础上，进一步为行业做好大数据的咨询服务。同时，积极布局海外市场，积极拓展国际化业务。

作为我国电力规划设计行业的“国家队”，电规总院技术力量雄厚，专业配套齐全，拥有一支高素质的专家队伍。本部在职员工312人，其中拥有全国工程勘察设计大师5人，享受政府特殊津贴专家6人，教授级高级工程师93人，高级工程师132人；博士、博士后145人（基本是985高校毕业生），硕士112人。所属企业洛斯达公司在职员工241人，其中高级工程师及以上49人。所属企业中能智新公司在职员工31人，其中高级工程师及以上14人。

经国家能源局批准，在电规总院设有国家电力规划研究中心、全国电力规划实施监测预警中心、电力规划设计标准化管理中心、电力工程造价发布牵头单位等常设机构。同时，在电规总院设有5个国际能源合作组织的秘书处或办公室：包括国际能源署－中国联络办公室、中国－芬兰能源合作平台、中国－中东欧能源项目对话与合作中心中方秘书处、联合国亚太经社会能源委员会互联互通专家工作组中方秘书处，以及国家能源局“一带一路”能源合作伙伴关系秘书处等。

未来，电规总院将以智慧为核心，以创新为动力，努力打造成为世界一流的能源智库和国际咨询公司，与各界同仁携手努力，共同推进全球能源向清洁低碳可持续发展转型，促进人类永续发展。

地 址：北京市西城区安德路65号

邮 编：100120

网 址：www.eppei.com